KB019389

말하기가 10배 빨라지는
10 배속
일본어회화

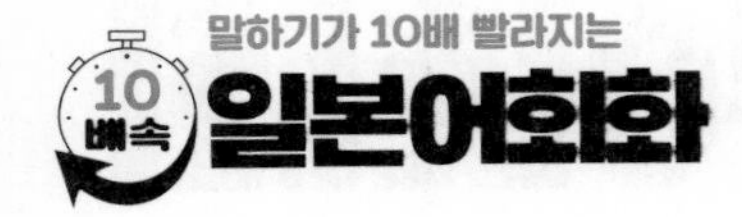

초판 인쇄일 2018년 7월 13일
초판 발행일 2018년 7월 20일

지은이 Ebidora
옮긴이 권우현
발행인 박정모
등록번호 제9-295호
발행처 도서출판 혜지원
주소 (10881) 경기도 파주시 회동길 445-4(문발동 638) 302호
전화 031) 955-9221~5 팩스 031) 955-9220
홈페이지 www.hyejiwon.co.kr

기획 · 진행 최춘성
디자인 조수안
영업마케팅 김남권, 황대일, 서지영
ISBN 978-89-8379-962-3
정가 10,000원

이 도서의 국립중앙도서관 출판예정도서목록(CIP)은 서지정보유통지원시스템 홈페이지(http://seoji.nl.go.kr)와
국가자료공동목록시스템(http://www.nl.go.kr/kolisnet)에서 이용하실 수 있습니다.(CIP제어번호: CIP2018017945)

말하기가 10배 빨라지는

10 배속

일본어회화

혜지원

이 책의 구성

목차

이 책의 구성 4
들어가는 말 7

PART 01 인사

01 안녕하세요(모든 사람에게) 22
02 안녕(친한 사람에게) 25
03 오랜만이에요 27
04 요즘 어때요? 29
05 날씨에 대해 이야기하기 35

PART 02 작별

06 먼저 갈게요
07 먼저 실례할게요
08 다음에 봐요
09 나를 잊지 말아요
10 연락 주세요
11 헤어질 때 하는 말

PART 03 처음 뵙겠습니다

PART 04 다른 사람 소개하기

❶ 21개의 대주제

이 책은 21개의 대주제로 이루어져 있으며, 독자가 짧은 시간에 일본어를 유창하게 말할 수 있게 도와줄 거예요. 실생활에서 있을 법한 여러 상황을 이해하기 쉽고 재미있게 구성했어요.

❷ 200개의 소주제

21개의 대주제는 다시 200개의 소주제로 나누어 담았어요.
일상의 회화에 기초한 내용을 통해 쉽게 일본어를 배울 수 있을 거예요!

❸ 그림을 통한 학습

모든 내용은 「그림」+「문자」의 형태로 기억하는 방식을 사용했어요. 이를 통해 쉽게 학습하고, 즐거운 분위기에서 공부할 수 있도록 하였습니다.

❹ Memo를 통한 추가 힌트

독자가 헷갈리기 쉬운 문법이나 용법은 Memo를 통해 쉽고 정확하게 학습하도록 도움을 줍니다.

Memo

작별 인사를 할 때 「さようなら」라고 말하는 것을 들어본 적이 있을 거예요. 사실 이 말은 매우 오랜 시간이 지나서야 겨우 만날 수 있거나 다시는 보지 못하게 될 수도 있는 상황에 쓰는 말이에요.

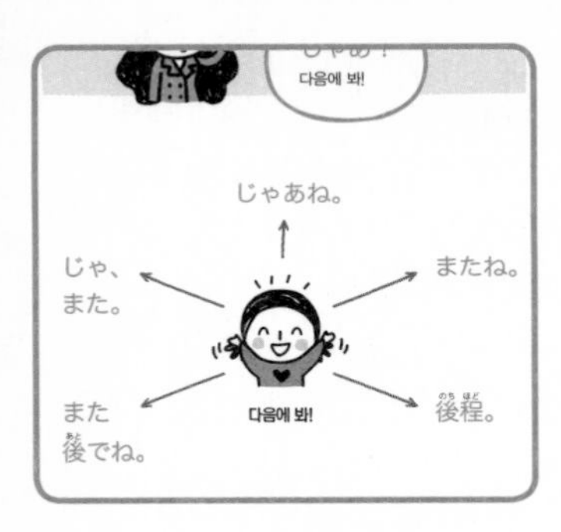

❺ 다양한 표현

우리말과 일본어에는 표현 방식에 차이가 있어요. 이 책은 자유자재로 일본어를 쓸 수 있도록 같은 상황에서 쓸 수 있는 다양한 일본어 표현을 다루고 있어요.

❻ 패턴을 통째로 학습

일본어 문장은 마술과 같아요. 하나의 패턴을 관련된 단어와 함께 제대로 배우면 수백 가지의 일본어회화를 배우는 것과 같기 때문이죠!

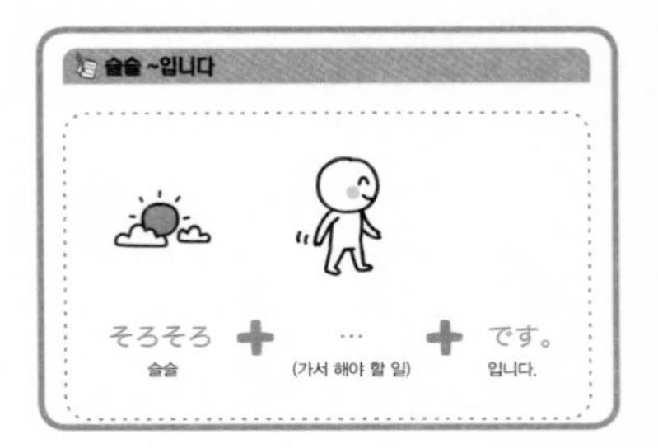

❼ 무료 MP3

MP3 01-01

이 책은 언제든지 휴대하며 들을 수 있도록 MP3 파일을 무료로 제공해요. 반복해서 들으며 듣기 능력을 기르고, 따라 말하며 말하기 능력을 길러 보세요.

말을 해야 할지 고민이 된다면 "와~ 오늘 날씨 정말 좋
해 이야기해 보세요. 화제 전환도 되고 대화를 이어나가는
요.

MP3 01-05

い天気	今日は晴れましたね。
네요.	오늘은 하늘이 개었네요.

MP3 다운로드 방법

MP3 파일은 혜지원 홈페이지(http://www.hyejiwon.co.kr)에서 다운로드 받으실 수 있습니다.

이 책은 우리가 실제로 접하게 될 여러 상황에서 문법을 생각하지 않고 쉽게 쓸 수 있는 일본어 회화 문장들을 담고 있습니다. 일본으로 향하는 비행기에 오를 때부터 음식과 음료를 주문하고 쇼핑하고, 나와 다른 사람들에 대해 이야기하는 등 실생활에서 겪을 수 있는 많은 표현들을 머릿속에서 쉽게 떠올릴 수 있을 것입니다.

이 책은 모두 21개의 대주제로 나누어져 있으며, 그 내용은 재미있고 실용적인 200개의 소주제로 세분화되어 있습니다. 「그림」+「문자」로 배우는 개념을 도입하여 일본어 학습에 효율을 높이고 학습에 필요한 시간을 줄였습니다.

외국어를 공부하는 이상 그 언어를 활용해야 합니다. 끊임없이 활용하는 학습에서 발전하고 성장하기 때문입니다. 이 책에서 배운 내용을 일상생활에서 활용하다 보면 자신도 모르게 일본어 실력이 발전해 있을 것입니다.

일본어도 다른 외국어와 마찬가지로 시간을 투자하여 반복해서 학습하면 익숙하고 자연스럽게 사용할 수 있습니다. 아무쪼록 이 책이 여러분을 일본어의 세계로 이끌어 지루하지 않고 즐겁게 학습할 수 있는 출발점이 되기를 바랍니다.

목차

이 책의 구성 4

들어가는 말 7

PART 01 인사

01 안녕하세요(모든 사람에게) 22

02 안녕(친한 사람에게) 25

03 오랜만이에요 27

04 요즘 어때요? 29

05 날씨에 대해 이야기하기 35

PART 02 작별

06 먼저 갈게요 40

07 먼저 실례할게요 43

08 다음에 봐요 47

09 나를 잊지 말아요 54

10 연락 주세요 58

11 헤어질 때 하는 말 61

PART 03 처음 뵙겠습니다

12 이름이 뭐예요? 66

13 ~라고 합니다 68

14 몇 살이에요? 71

15 나는 ~살이에요 72

16 생일 묻기 78

17 나는 ~ 일에 태어났어요 81

18 나는 ~월에 태어났어요 85

19 무슨 일 하세요? 89

20 나는 ~ 일을 해요 91

21 어느 나라 사람이에요? 99

22 나는 ~ 사람이에요 100

23 어디에서 왔어요? 105

PART 04 다른 사람 소개하기

24 소개하겠습니다 110

25 이 사람을 소개합니다 113

26 그는 ~의 ~예요 118

PART 05 환영하기

27 어서 오세요 125
28 안으로 들어오세요 129
29 뭐 좀 마실래요? 132
30 편하게 있으세요 138
31 새로운 동료 환영하기 139

PART 06 감사하기

32 고마워요 144
33 여러 상황에서 하는 감사의 말 145
34 ~해 줘서 고마워요 148
35 대단히 감사합니다 151
36 감사의 마음을 전하는 다른 표현 153
37 괜찮아요(감사의 말을 들었을 때) 154
38 기꺼이 156
39 별것 아니에요 158

PART 07 사과하기

40 미안합니다 160
41 대단히 죄송합니다 162
42 다시는 안 그럴게요 165

43 고의가 아니에요 166
44 화내지 마세요 168
45 용서해 주세요 169
46 실례합니다 / 잠시만요 170
47 괜찮아요 172
48 괜찮아 / 됐어 174

PART 08 시간과 날짜

49 몇 시예요 176
50 오늘 무슨 요일이에요? 182
51 오늘은 며칠이에요? 184

PART 09 전화하기

52 전화번호가 몇 번이에요? 186
53 전화번호 말하기 188
54 여보세요 192
55 ~ 좀 찾아주세요 195
56 누구세요? 198
57 저예요 199
58 잠시만 기다리세요 201
59 없어요 202

60 회의 중이에요(받을 수 없는 상황) 203
61 통화 중이에요 205
62 전화를 받을 수 없는 이유 207
63 메시지 남기기 209
64 메시지를 남겨 드릴까요? 210
65 다시 전화해 달라고 해 주세요 212
66 전화했었다고 전해 주세요 214
67 조금 이따가 다시 걸게요 216
68 이름과 전화번호 물어 보기 217
69 전화 끊기 220

PART 10 도움이 필요할 때

70 나 좀 도와줄래요? 222
71 용건 있으세요? 226
72 도움이 필요한지 묻기 229
73 도와주시지 않겠습니까? 231
74 좀 도와주세요 232
75 ~해 주실래요? 234
76 도와줄게요! 236
77 상대방의 도움에 응하기 238
78 도움 요청을 거절하기 239

79 도움 요청을 거절하는 이유 241
80 도와줘서 감사합니다 243

PART 11 함께 놀아요

81 시간 있어요? 248
82 시간 없어요 251
83 아마 시간이 있을 거예요 253
84 물론이에요 254
85 같이 해요 255
86 초대에 응하기 259
87 거절하기 260
88 ~시에 ~에서 봐 262
89 데리러 갈게요 265
90 약속 시간이나 장소 변경하기 267
91 같이 영화 보러 갈래요? 271
92 같이 갈래요? 275

PART 12 쇼핑

93 도와드릴 일이 있나요? 278

94 우선 좀 볼게요 279

95 이것 좀 보여 주세요 280

96 입어 봐도 될까요? 284

97 사이즈 285

98 다른 사이즈가 있나요? 287

99 다른 색은 있나요? 290

100 잘 어울려요? 292

101 일단 좀 볼게요 294

102 얼마예요? 295

103 조금 싸게 할 수 있나요? 296

104 증정품 299

105 구매를 결정했을 때 300

106 카드로 계산할 수 있나요? 301

107 교환할 수 있나요? 302

108 포장해 주세요 303

109 쇼핑백은 필요 없어요 304

PART 13 음식 주문하기

110 자리 예약하기 306

111 ~을 예약하고 싶어요 308

112 ~명 예약하고 싶어요 310

113 예약하셨나요? 312

114 메뉴 좀 주세요 313

115 음식 주문하기 316

116 더 주세요 318

117 맛 320

118 맛있다 322

119 맛없다 323

120 빼 주세요 324

121 ~을 안 먹어요 326

122 ~에 알레르기가 있어요 328

123 주문한 음식에 문제가 있을 때 329

124 내가 살게 331

125 더치페이 332

126 계산하기 333

PART 14 커피 주문하기

127 커피 주문하기 335

128 따뜻한 / 차가운 커피 336

129 여러 가지 커피 337

130 특별한 요구사항이 있을 때 339

PART 15 취미

131 여러 가지 취미활동 343

132 취미가 뭐예요? 345

133 쉬는 날에는 뭐해요? 347

134 뭐 하는 걸 좋아해요? 349

135 나는 ~ 의 팬이에요 353

136 나는 특별히 좋아하는 게 없어요 354

PART 16 칭찬 / 비난

137 칭찬과 비난 357

138 칭찬 361

139 예의 바르다 / 살갑다
다정하다 / 대범하다 363

140 호의적인 표현 365

141 예쁘다 / 잘생기다
귀엽다 / 멋지다 367

142 상냥하다 / 온화하다 / 섬세하다 369
143 매력적이다 / 사랑스럽다 / 멋지다 371
144 멋지다 / 우아하다 / 품위 있다 / 화려하다 373
145 나쁘다 / 못됐다 / 게으르다 375
146 속이 좁다 / 비겁하다 / 짓궂다 376
147 믿을 수 없다 378
148 질투하다 380
149 제멋대로 하다 381
150 가식적이다 / 위선적이다 382
151 다용도 384
152 특징 385
153 뛰어남 386
154 최고다 / 완벽하다 388
155 다채롭다 / 밝다 389
156 의미 있다 391
157 엉망이다 392

PART 17 명령과 의뢰

158 ~ 주세요 395

159 ~ 해 주세요 396

160 ~ 해 주세요 399

161 ~ 하지 마세요 401

162 명령하기 403

163 ~하지 마 404

164 ~해 줘 405

165 ~해 줘요 407

166 ~해라 / ~하세요 409

PART 18 축하하기

167 행복하세요 413

168 건강하세요 414

169 축복에 응답하기 416

170 좋은 사람 만나세요 418

171 하는 일 잘 되길 바라요 421

172 공부 잘 되길 바라요 423

173 좋은 여행 되세요 425

PART 19 교통

174 여러 가지 교통수단 427
175 교통수단 이용하기 429
176 걸어가다 431
177 ~에 ~으로 가다 432
178 택시 434
179 ~에 세워 주세요 438
180 요금은 얼마입니까? 441
181 바래다 줄게요 442

PART 20 길 묻기

182 길을 잃었어요 445
183 도움 요청하기 446
184 도와드릴까요? 447
185 여기는 어디예요? 448
186 ~에 가려면 어떻게 해야 하는지 알려 주세요 449
187 길 설명하기 453
188 목적지에 도착해요 461

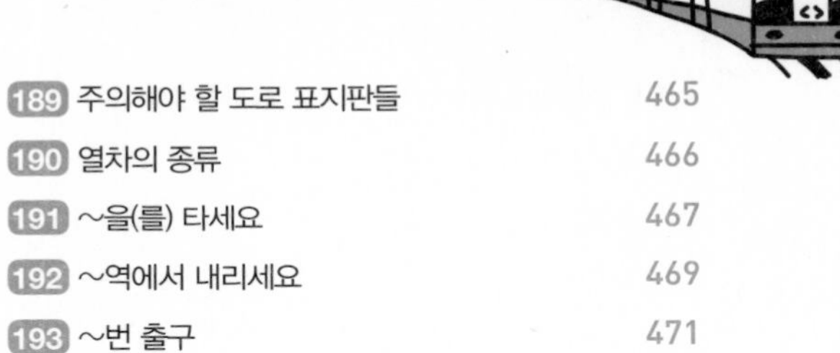

189 주의해야 할 도로 표지판들 465
190 열차의 종류 466
191 ~을(를) 타세요 467
192 ~역에서 내리세요 469
193 ~번 출구 471

PART 21 질병과 치료

194 어디 아파요? 475
195 약 먹었어요? / 병원에 갔어요? 477
196 의사와 이야기하기 479
197 푹 쉬세요 484
198 운동하세요 486
199 ~을(를) 하지 마세요 / ~을(를) 끊으라 하셨어 487
200 약 491

挨拶(あいさつ)

인사

안녕하세요(모든 사람에게)

일본어는 시간에 따라 인사말이 달라집니다.

おはようございます。

안녕하세요.

(아침인사)

こんにちは。

안녕하세요.

(점심인사)

こんばんは。

안녕하세요.

(저녁인사)

おやすみなさい。

잘 자요.

(잘 준비를 하거나 밤에 작별인사를 할 때)

일본인들은 인사를 할 때 보통 상대방을 부르지 않아요. 하지만 상대방이 상급자라면 먼저 가서 인사를 하고, 허리를 굽혀 경의를 표현합니다.
허리를 굽혀 인사하는 것에는 「礼(れい)」와 「お辞儀(じぎ)」가 있는데, 굽히는 정도에 따라 경의를 표하는 정도가 달라집니다.

(가볍게) 인사함

会釈(えしゃく)

몸의 기울기는 약 15도.
상대방이 원래 알던 사람이거나 친한 사람
혹은 보통의 일상생활에서 사용한다.

경례

敬礼(けいれい)

몸의 기울기는 약 30도.
상대방을 잘 모르거나 손님을 맞이할 때,
반드시 예의를 지켜야 하는 대상에게 사용한다.

최경례

最敬礼(さいけいれい)

몸의 기울기는 약 45도.
존경이나 감사 혹은 사과의 의미를
전할 때 사용하는 가장 공손한 경례.

사과회견

謝罪会見(しゃざいかいけん)

몸의 기울기는 약 70도.
여러 사람에게 정식으로 사과할 때 사용한다.

상대방에 대한 감정이나 상황에 따라 머리를 숙이는 정도가 달라집니다.

02 안녕(친한 사람에게)

MP3 01-02

일본인들은 인간관계에서 말의 표현을 매우 중시합니다. 특히 서로 잘 모르는 경우라면 서로의 거리를 유지하기 때문에 일반적으로는 반말투를 사용하지 않습니다.

おはよう。
안녕. (오전 인사)

인사를 할 때는 상대방과의 관계에 따라 대답이 달라지는데, 손윗사람일 경우에는 공손한 표현을 사용해야 합니다.

▶ Dialogue

おはよう。
안녕. (오전 인사)

おはようございます。
안녕하세요. (오전 인사)

상대방과 친할 경우에는 좀 더 편하게 대답하면 됩니다.

▶ Dialogue

おはよう。
안녕. (오전 인사)

おはよう。
안녕. (오전 인사)

03 오랜만이에요

MP3 01-03

오랜만에 만나게 된 두 사람에게 대화의 시작을 도와줄 아주 적절한 말들이 있습니다.

お久(ひさ)しぶりです。
오랜만이에요.

ご無沙汰(ぶさた)しております。
격조했습니다(오랫동안 연락드리지 못했습니다).

상대방이 친구라면 경어를 사용할 필요 없이 반말을 사용하면 됩니다. 위쪽 문장에서 「お」와 「です」만 없애주면 됩니다. 문장 뒤에 「だね」를 붙여도 됩니다.

▶ **Dialogue**

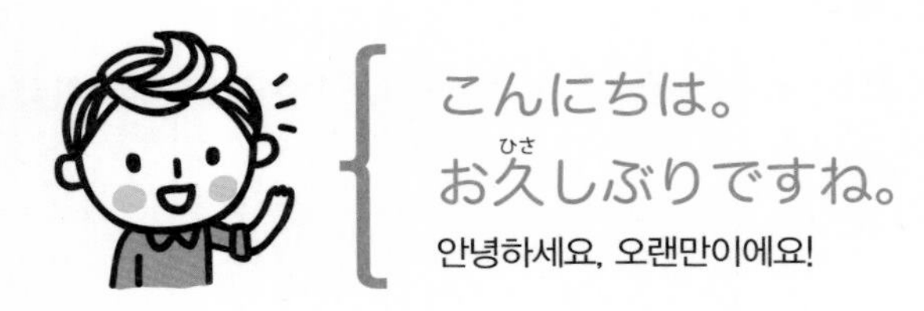

こんにちは。
お久しぶりですね。
안녕하세요, 오랜만이에요!

そうですね。
久しぶりですね。
그러게요, 오랜만이에요!

Memo

문장 맨 뒤의 「ね」는 가벼운 감동이나 상대방에게 동의를 구할 때 사용하는 조사입니다. '~요', '~군요'와 같이 해석할 수 있습니다.

04 요즘 어때요?

MP3 01-04

'요즘 어때요?' '잘 지냈어요?'처럼 상대방의 안부를 묻는 인사말은 어떻게 하는지 알아볼게요.

お元気(げんき)ですか？
잘 지냈어요?

いかがですか？
(요즘) 어때요?

いかがでしたか？
어떻게 지냈어요?

특별히 관심이 있는 주제가 있다면 그 일을 언급해서 이야기할 수 있습니다.

最近(さいきん)、仕事(しごと)はどうですか？

요즘 일은 어때요?

最近(さいきん)、調子(ちょうし)はどうですか？

요즘 몸은 좀 어때요?

最近(さいきん)、ご家族(かぞく)はどうですか？

요즘 가족들은 어때요?

最近(さいきん)、勉強(べんきょう)はどうですか？

요즘 공부는 어때요?

Word

- 仕事(しごと) 일, 업무
- 調子(ちょうし) 몸 상태
- 家族(かぞく) 가족
- 勉強(べんきょう) 공부

順調(じゅんちょう)です。

잘되고 있어요.

元気(げんき)ですよ。

건강해요.

とても元気(げんき)です。

아주 건강해요.

相変(あいか)わらず。

여전해요.

- 順調(じゅんちょう)だ 순조롭다, 잘되다
- 相変(あいか)わらず 여전히, 변함없이
- まあまあ 그럭저럭, 그냥저냥

まあまあです。

그냥 그래요.

▶ Dialogue

おはようございます。
お久(ひさ)しぶりです。
お元気(げんき)ですか？
좋은 아침입니다. 오랜만이에요. 잘 지냈어요?

おはようございます。
元気(げんき)ですよ。
좋은 아침입니다. 잘 지내요.

상황이 좋지 않거나 골치 아픈 일이 생겼다면 이렇게 대답하세요.

ちょっと困(こま)っています。
좀 난처해요.

悩(なや)んでいます。
고민이 있어요.

元気(げんき)ではありません。
몸이 안 좋아요.

ちょっと疲(つか)れています。
좀 피곤해요.

忙(いそが)しいです。
바빠요.

病気(びょうき)です。
아파요.

ごたごたです。
정신이 없네요.

Word

- 困(こま)る 난처하다, 곤란하다
- 忙(いそが)しい 바쁘다
- 悩(なや)む 고민하다, 시달리다
- ごたごた 어수선하고 혼잡한 모양

주의해야 할 점이 한 가지 있습니다. 일본인들은 친하지 않거나, 상대방에게 폐를 끼치지 않으려는 배려 차원에서 자신의 어려움이나 속마음을 잘 이야기 하지 않습니다.

▶ **Dialogue**

ご無沙汰(ぶさた)しております。
いかがですか?
정말 오랜만입니다. 어떻게 지내세요?

久(ひさ)しぶりですね。
最近(さいきん)、忙(いそが)しいですね。
오랜만입니다! 요즘 바쁘네요.

 날씨에 대해 이야기하기

만약 상대방과 무슨 말을 해야 할지 고민이 된다면 "와~ 오늘 날씨 정말 좋다."처럼 날씨에 대해 이야기해 보세요. 화제 전환도 되고 대화를 이어나가는 데 도움이 될 거예요.

MP3 01-05

今日(きょう)はいい天気(てんき)ですね。

오늘 날씨가 좋네요.

今日(きょう)は晴(は)れましたね。

오늘은 하늘이 개었네요.

天気(てんき)が悪(わる)いですね。

날씨가 안 좋네요.

今日(きょう)は嫌(いや)な天気(てんき)ですね。

오늘은 날씨가 별로네요.

▶ **Dialogue**

おはようございます。
今日(きょう)はいい天気(てんき)ですね。
좋은 아침입니다. 오늘은 날씨가 좋네요!

おはよう。そうですね。
いい天気(てんき)ですね。
좋은 아침입니다. 그러게요, 날씨가 좋네요!

Word

- いい天気(てんき)だ 날씨가 좋다
- 晴(は)れる (날이) 개다
- 悪(わる)い 나쁘다
- 嫌(いや)だ 싫다, 지독하다

今日(きょう)はずっと晴(は)れだといいですね。ハハハ！
오늘은 쭉 맑으면 좋겠어요. 하하하.

そうだといいね。アハハ！
그러면 좋지. 하하하.

Word

- **ずっと** 쭉, 계속해서
- **晴(は)れ** 맑음, 갬

Memo

일본어로 '웃다'는 「笑(わら)う」입니다. 그리고 일본인들은 보통 영어 모음 「w(한국어의 'ㅋㅋㅋ'와 같음)」로 웃음소리를 나타내요. 의성어인 フフフ(히히히)도 많이 씁니다.

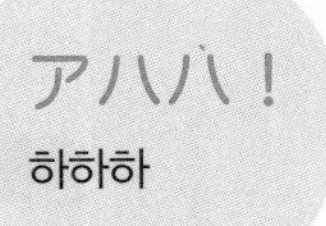

フフフ
히히히

「ニャハハ」를 쓸 수도 있는데, 이건 농담할 때 쓰는 말로 귀엽게 들려요. 주로 만화책에서 볼 수 있을 거예요.

さようなら

작별

MP3 02-06

06 먼저 갈게요

헤어지기 전에 쓰는 '먼저 갈게요' 같은 말은 상대방에게 마음의 준비를 하게 하거나 대화를 마치는 말로 사용할 수 있습니다.

そろそろ行(い)かないと。

슬슬 가야겠어요.

お暇(いとま)する時間(じかん)です。

가야 할 시간이네요.

出(で)かける時間(じかん)になりました。

(나)가야 할 시간이 되었어요.

Word

- **そろそろ** 이제 슬슬
- **時間(じかん)** 시간
- **お暇(いとま)する** 떠나다
- **出(で)かける** 나가다, 외출하다

もう行(い)かなければならない時間(じかん)です。

이제 가야 할 시간이에요.

Word

- **もう** 이제, 벌써
- **～なければならない**
  ～해야 한다

대화 중 헤어져야 할 상황이라면 간단하게 '안녕, 다음에 봐'라고 이야기해도 됩니다.

じゃあ!
またね。
그럼, 다음에 봐.

ではまた。
다음에 봐.

Memo

작별 인사를 할 때「さようなら」라고 말하는 것을 들어본 적이 있을 거예요. 사실 이 말은 매우 오랜 시간이 지나서야 겨우 만날 수 있거나 다시는 보지 못하게 될 수도 있는 상황에 쓰는 말이에요.

07 먼저 실례할게요

MP3 02-07

업무나 회의 진행 중 불가피하게 자리를 비워야 할 일이 있을 수 있어요. 업무든 손님을 맞이하는 중이든 일반적으로 다음 표현을 사용합니다.

すみませんが、
これで失礼（しつれい）します。
죄송한데, 이만 실례하겠습니다.

それでは、失礼（しつれい）します。
그럼, 실례하겠습니다.

퇴근시간이 되지 않았고 사장님과 동료들이 아직 회사에 남아 있지만 가야 할 일이 생긴다면 이렇게 표현하세요.

お先（さき）に失礼（しつれい）します。
먼저 실례하겠습니다.

Word

- 失礼（しつれい）する 실례하다
- お先（さき）に 먼저

▶ Dialogue

病院(びょういん)にいかなければなりませんので、すみませんが、これで失礼(しつれい)します。

병원에 가봐야 할 것 같아서요. 죄송한데,
이만 실례하겠습니다.

残(のこ)りは私(わたし)がやりますから。
お疲(つか)れ様(さま)でした。

나머지는 제가 할게요.
수고하셨습니다.

ありがとうございます。

감사합니다.

Word
- 病院(びょういん) 병원
- 残(のこ)り 나머지

회의나 업무처럼 공식적인 대화를 하는 상황에서 먼저 자리를 떠야 할 때는 '슬슬' 같은 말로 시작하여 가야 하는 이유를 말하기도 합니다.

そろそろ。
슬슬

슬슬 ~입니다

そろそろ夕食(ゆうしょく)の時間(じかん)です。

슬슬 저녁 먹을 시간입니다.

そろそろ寝(ね)る時間(じかん)です。

슬슬 자야 할 시간입니다.

そろそろ学校(がっこう)へ行(い)く
時間(じかん)です。

슬슬 학교에 갈 시간입니다.

そろそろ仕事(しごと)に戻(もど)らなければ
なりません。

슬슬 일하러 돌아가야 합니다.

Word

- 夕食(ゆうしょく) 저녁 밥
- 学校(がっこう) 학교
- 寝(ね)る 자다
- 戻(もど)る 돌아가다(오다)

MP3 02-08

08 다음에 봐요

다음에 또 보거나 금방 다시 보게 되는 경우라면 '다음에 봐!'처럼 간단하게 인사하면 됩니다.

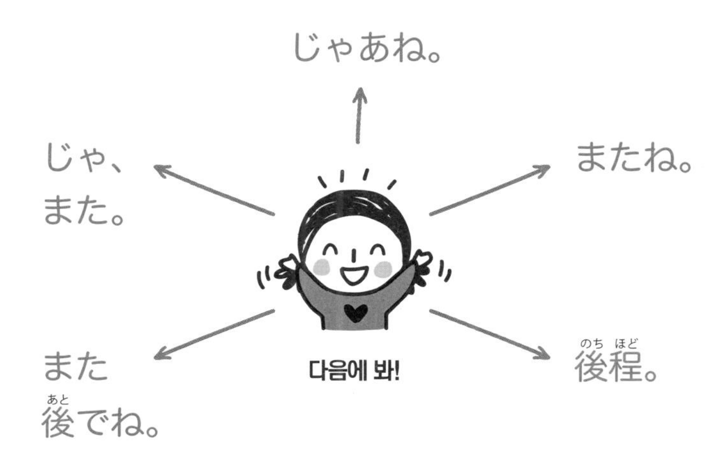

Memo

「また」를 사용해서 '다음에 봐'라고 말할 때 문장 뒤에 「ね」를 붙이면 훨씬 친근하게 들립니다.

일반적으로 격식을 차려야 하는 자리에서는 '다음에 봐'처럼 친한 사이에서 하는 말을 쓰지 않습니다. 손님을 맞이하거나 공식적인 자리에서 작별인사를 할 때는 다음과 같은 문장들을 사용합니다.

また次回(じかい)、お会(あ)いしましょう。

그럼 다음에 만나요.

Word

- 次回(じかい) 다음 번
- 会(あ)う 만나다

またお目(め)にかかるのを楽(たの)しみにしています。

또 뵙기를 기대하고 있습니다.

Word ・お目(め)にかかる 만나뵙다　・楽(たの)しみ(に)する 기대하다

お見(み)えになるのをお待(ま)ちしております。

오시기를 기대하고 있습니다.

Word ・お見(み)えになる 오시다　・待(ま)つ 기다리다

またお会(あ)いできるのを楽(たの)しみにしています。

다시 만날 수 있기를 기대하고 있겠습니다.

다음에 언제 만날지 알고 있는 상황이라면 정확한 시간을 바로 말할 수도 있습니다. 문장의 맨 뒤에 날짜나 시간을 말해 주면 됩니다.

~에 봐요

また来週(らいしゅう)。

다음 주에 봐요.

また来月(らいげつ)。

다음 달에 봐요.

また来年(らいねん)。

내년에 봐요.

また来週(らいしゅう)の火曜日(かようび)。

다음 주 화요일에 봐요.

▶ Dialogue

今日(きょう)は楽(たの)しかったですね。

오늘 재미있었어요!

そうですね。あ！そろそろ帰(かえ)る時間(じかん)です。

그러게요. 아! 슬슬 돌아갈 시간이에요.

Word

- 楽(たの)しい 재미있다. 즐겁다
- 帰(かえ)る 돌아가다. 돌아오다

じゃあ、また。
그럼, 다음에 봐요!

またね。
다음에 봐요.

MP3 02-09

09 나를 잊지 말아요

일본인들은 '당신 생각을 할게요'라고 직접적으로 말하기보다 '나를 잊지 말아요'나 '당신이 없으면 외로울 거예요'와 같이 완곡한 표현을 주로 씁니다.

あなたがいなくなると、寂(さび)しくなります。

당신이 없어지면 외로울 거예요.

私(わたし)のことを忘(わす)れないでください。

나를 잊지 마세요.

Word

- いなくなる (사람 · 동물 등이) 없어지다, 사라지다
- 寂(さび)しい 외롭다, 쓸쓸하다
- 忘(わす)れる 잊다

私はあなたのことをずっと忘れません。

나는 당신을 오래도록 잊지 않을 거예요.

あなたと過ごした日々は私にとって一生忘れられない思い出です。

당신과 보낸 날들은 내게 평생 잊을 수 없는 추억이에요.

Word

- 過ごす 보내다, 지내다
- 日々 날들, 나날
- 一生 평생, 일생
- 思い出 추억

이때 대답하는 사람은 당연히 적절한 답을 해주어야겠지요?

思(おも)っているよ。

생각하고 있을게.

もちろん。

물론.

絶対(ぜったい)忘(わす)れないよ。

절대로 잊지 않을게.

ずっと
思(おも)っています。

쭉 생각하고 있을게요.

보고 싶어요

보고 싶다고 말할 때는 어떻게 할까요? 일본어에서는 '보고 싶다'라고 말하면 '그리워하다'의 의미도 포함됩니다. 만약 당신이 '보고 싶어요'라고 말한다면 상대방은 당신이 그를 '그리워하고 있다'고 생각할 거예요.

会(あ)いたいです。

만나고(보고) 싶어요.

MP3 02-10

10 연락 주세요

헤어져서 떨어져 있는 순간에 상대방에게 말해 보세요. '시간 나면 연락하는 거 잊지 말아요'.

大丈夫(だいじょうぶ)なら、電話(でんわ)をください。

괜찮으면, 전화 주세요.

困(こま)ったときに連絡(れんらく)してください。

힘들 때 연락하세요.

これからも連絡(れんらく)取(と)り合(あ)いましょうね。

앞으로도 연락 주고받아요.

Word

- 大丈夫(だいじょうぶ) 괜찮음
- 連絡(れんらく)する 연락하다
- 連絡(れんらく)を取(と)り合(あ)う 연락을 주고받다

便(たよ)りをください。

소식 주세요.

時々(ときどき)電話(でんわ)をください。

가끔 전화 주세요.

요즘에는 거리가 아무리 멀어도 여러 가지 방식으로 연락할 수 있어요. 그래서 '편할 때'라는 말은 잘 쓰이지 않게 되었지만 연락을 기다리고 있는 사람에게는 짧은 1분의 시간도 큰 의미가 될 수 있어요.

もちろん。

당연하죠.

電話(でんわ)するよ。

전화할게.

連絡(れんらく)するね。

연락할게.

Word · 便(たよ)り 소식, 편지 · 時々(ときどき) 가끔, 때때로

▶ Dialogue

時々(ときどき)電話(でんわ)をください。

가끔 전화 주세요.

電話(でんわ)するよ。

전화할게.

11 헤어질 때 하는 말

MP3 02-11

일본인들이 작별인사를 할 때 말하는 「頑張(がんば)ってください」는 우리말로 '파이팅하세요'라고 번역할 수 있어요.

잘 챙기고 다녀요!

상대방에게 '몸이나 건강을 챙기고 다니라'는 말은 다음과 같이 할 수 있어요.

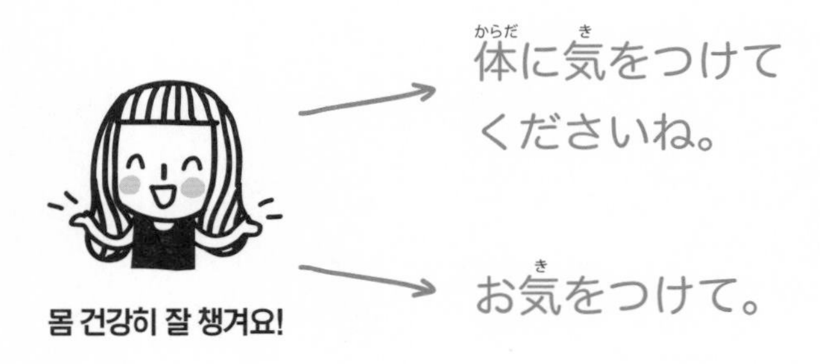

하는 일 모두 순조롭길 바라요!

상대방이 돌아가거나 다른 곳으로 가야할 때는 이렇게 말할 수 있어요.

상대방이 차를 운전해서 갈 때 보통 '운전 조심해요!'라고 말합니다. 일본어로 말할 때도 같아요.

運転(うんてん)に気(き)をつけてください。

운전 조심히 하세요.

Word

- 気(き)をつける 조심하다, 주의하다
- 旅行(りょこう) 여행
- たび(旅) 여행
- 運転(うんてん) 운전

▶ **Dialogue**

もうお別(わか)れの時間(じかん)なんですね。
気(き)をつけてね。

벌써 헤어질 시간이네요, 몸 건강히 지내세요!

分(わ)かったよ。
運転(うんてん)気(き)をつけてください。

알았어요! 운전 조심히 하세요.

うん！良(よ)いたびを。

응, 여행 잘해.

ありがとう。

고마워요.

はじめまして

처음 뵙겠습니다

12 이름이 뭐예요?

MP3 03-12

어떤 사람을 처음 알게 되었을 때 가장 먼저 알아야 할 것은 상대방의 이름입니다. 상대방을 처음 만났을 때는 일본어로 이렇게 말해보세요.

はじめまして。
처음 뵙겠습니다.

그 다음에는 상대방의 이름을 물어보면 됩니다.

お名前(なまえ)は何(なん)ですか？
이름이 뭐예요?

상대방과의 관계 때문에 더욱 예의를 지켜야 한다면 이렇게 말하세요.

お名前(なまえ)を教(おし)えていただけますか？

성함을 알려주시겠습니까?

Word

- 名前(なまえ) 이름
- 教(おし)える 알려주다, 가르치다

失礼(しつれい)ですが、どちらさまでしょうか？

실례합니다만, 누구십니까?

▶ MP3 03-13

13 ~라고 합니다

본인의 이름을 말할 때 공식적인 자리라면 이름을 말한 후 뒤에 「と申(もう)します(~라고 합니다)」를 붙이면 됩니다.

저는 ~라고 합니다

…

(본인의 이름)

＋

と申(もう)します。

라고 합니다.

田中(たなか)と申(もう)します。

다나카라고 합니다.

今井(いまい)と申(もう)します。

이마이라고 합니다.

간단하게 말해도 되는 경우에는 이렇게 말하세요.

나는 ~예요

佐藤(さとう)です。

사토예요.

西田(にしだ)です。

니시다예요.

▶ Dialogue

失礼(しつれい)ですが、
どちらさまでしょうか？
실례지만 누구시죠?

加藤(かとう)と申(もう)します。
가토라고 합니다.

お名前(なまえ)は何(なん)ですか？
성함이 어떻게 되세요?

鈴木(すずき)です。
스즈키예요.

14 몇 살이에요?

MP3 03-14

나이를 묻는 문제는 어느 국가에서건 사적인 것이라서 매우 조심해야 합니다. 특히 습관적으로 거리를 유지하는 일본인의 경우 이런 질문을 할 때 더욱 주의해야 합니다. 일반적으로 사적인 질문을 하지 않는 것이 좋지만 꼭 물어봐야 하는 경우에는 반드시 예의를 갖춰서 질문하세요.

상대방이 어린 아이거나 나보다 어린 사람이라면 아래 문장처럼 물어볼 수 있습니다.

MP3 03-15

15 나는 ~살이에요

일본어로 나이를 말할 때는 한자를 사용해서 대답해요. 일본어로 한자를 읽는 방법은 음독과 훈독이 있어요. 한 살부터 아홉 살까지라면 훈독으로 발음해요.

1 ひと 一つ 한 살	2 ふた 二つ 두 살	3 みっ 三つ 세 살
4 よっ 四つ 네 살	5 いつ 五つ 다섯 살	6 むっ 六つ 여섯 살
7 なな 七つ 일곱 살	8 やっ 八つ 여덟 살	9 ここの 九つ 아홉 살

この子は三つです。
이 아이는 세 살이에요.

山田君は九つです。
야마다 군은 아홉 살이에요.

열 살 이상의 나이라면 음독으로 말해요.

いち	に	さん	し	ご	ろく
一	二	三	四	五	六
일	이	삼	사	오	육

しち	はち	きゅう	じゅう	ひゃく
七	八	九	十	百
칠	팔	구	십	백

열 살 이상의 나이를 표현할 때 숫자를 조합하는 방식은 우리말과 같아요. 예를 들면, 열두 살은 10 더하기 2, 쉰다섯 살은 5 더하기 10 더하기 5예요.

스무 살의 표현 방식은 조금 독특해요. 일본어로 이렇게 말해요.

일본인들은 스무 살을 어른으로 접어드는 중요한 전환점으로 여길 뿐만 아니라 전국 각지에선 만 스무 살이 되면 성년식을 엽니다.

나는 ~ 살이에요

じゅう なな さい
十七歳です。
열일곱 살이에요.

わたし いま に じゅうきゅう さい
私は今二十九歳です。
나는 지금 스물아홉 살이에요.

간단하게 나이를 말하는 방법도 있습니다. 나이의 숫자에 바로 「歳(さい)」만 붙여서 마무리 해주면 됩니다.

~살

武史君(たけしくん)は十二歳(じゅうにさい)です。

다케시 군은 열두 살이에요.

加藤(かとう)さんは三十九歳(さんじゅうきゅうさい)です。

가토 씨는 서른아홉 살이에요.

▶ Dialogue

今何歳ですか？ (いま なん さい)

지금 몇 살이에요?

私は今二十五歳です。 (わたし いま にじゅうごさい)

나는 지금 스물다섯 살이에요.

MP3 03-16

16 생일 묻기

상대방의 생일을 알고 싶다면 이렇게 말해 보세요.

お誕生日(たんじょうび)はいつですか？

생일은 언제입니까?

生年月日(せいねんがっぴ)を教(おし)えてください。

생년월일을 알려 주세요.

상대방의 이름을 넣고 싶다면, 상대방의 이름 뒤에 'の(~의)'를 넣고 마지막에 날짜를 물어보면 됩니다.

~ 씨의 생일은 언제에요?

… ＋ さん ＋ の ＋ お誕生日(たんじょうび)はいつですか？

사람 이름 씨 의 생일은 언제입니까?

~ 의 생일을 좀 알려주세요

… ＋ さん ＋ の ＋ 生年月日(せいねんがっぴ)を教(おし)えてください。

사람 이름 씨 의 생년월일을 알려 주세요.

三浦(みうら)さんのお誕生日(たんじょうび)はいつですか？

미우라 씨의 생일은 언제입니까?

三浦(みうら)さんの生年月日(せいねんがっぴ)を教(おし)えてください。

미우라 씨의 생년월일을 알려주세요.

▶ MP3 03-17

17 나는 ~일에 태어났어요

일본어로 날짜를 말하는 방법에는 아래처럼 특이한 규칙이 있어요.

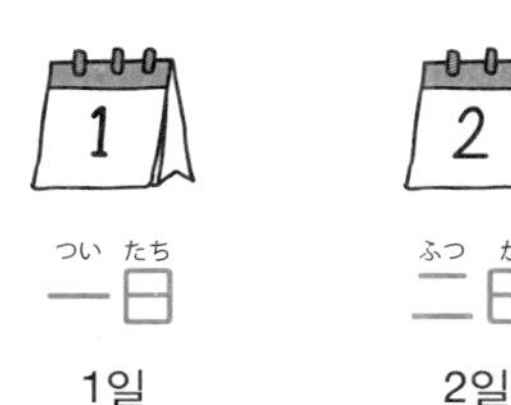

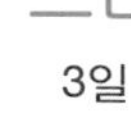

ついたち
一日
1일

ふつか
二日
2일

みっか
三日
3일

よっか
四日
4일

いつか
五日
5일

むいか
六日
6일

なのか
七日
7일

ようか
八日
8일

ここのか
九日
9일

とおか
十日
10일

11일부터 31일까지는 숫자 뒤에 「日(にち)」를 붙이면 됩니다.

十一日 (じゅう いち にち)	11일
十二日 (じゅう に にち)	12일
十三日 (じゅう さん にち)	13일
十五日 (じゅう ご にち)	15일
十六日 (じゅう ろく にち)	16일
十七日 (じゅう しち にち)	17일
十八日 (じゅう はち にち)	18일
十九日 (じゅう く にち)	19일
二十一日 (に じゅう いち にち)	21일
二十二日 (に じゅう に にち)	22일
二十三日 (に じゅう さん にち)	23일
二十五日 (に じゅう ご にち)	25일

二十六日 (にじゅうろくにち)	26일
二十七日 (にじゅうしちにち)	27일
二十八日 (にじゅうはちにち)	28일
二十九日 (にじゅうくにち)	29일
三十日 (さんじゅうにち)	30일
三十一日 (さんじゅういちにち)	31일

14일, 20일, 24일이 빠져 있는 것을 알아차렸나요? 이 날짜는 조금 다른 방법으로 읽습니다.

十四日 (じゅうよっか)	14일
二十日 (はつか)	20일
二十四日 (にじゅうよっか)	24일

나는 ~일에 태어났어요

私(わたし) + は + … + 生(う)まれです。

나 는 (태어난 날) 생입니다.

私(わたし)は八日(ようか)生(う)まれです。

나는 8일생입니다.

私(わたし)は十一日(じゅういちにち)生(う)まれです。

나는 11일생입니다.

18 나는 ~월에 태어났어요

몇 월에 태어났는지 말하는 것도 며칠이라고 이야기하는 것과 같아요. '~일'이라고 말했던 것을 '~월'로 바꿔 주면 됩니다.

MP3 03-18

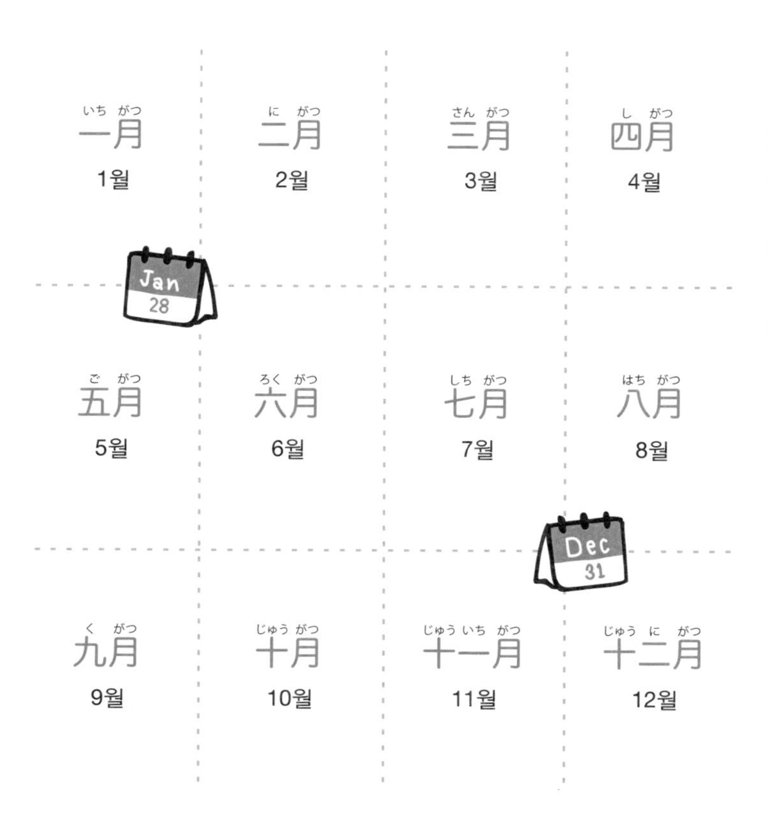

나는 ~월에 태어났어요

私（わたし） + は + … + 生（う）まれです。
나 는 (태어난 월) 생입니다.

私（わたし）は十一月（じゅういちがつ）生（う）まれです。

나는 11월생입니다.

私（わたし）は五月（ごがつ）生（う）まれです。

나는 5월생입니다.

몇 월 며칠에 태어났는지 동시에 말하고 싶다면 아래와 같은 형식으로 말하세요. 몇 월인지 먼저 말하고 후에 며칠인지 이야기하면 됩니다.

わたし　ろく がつ さん じゅう にち　う

私は六月三十日生まれです。

나는 6월 30일생입니다.

わたし　に がつ　に じゅう はち にち　う

私は二月二十八日生まれです。

나는 2월 28일생입니다.

▶ **Dialogue**

加藤(かとう)さん、
お誕生日(たんじょうび)はいつですか？

가토 씨, 생일은 언제입니까?

十二月二十五日(じゅうにがつにじゅうごにち)生(う)まれですよ。
クリスマスですよ。

12월 25일생이에요. 크리스마스죠.

Word ・**クリスマス** 크리스마스(Christmas)

무슨 일 하세요?

MP3 03-19

이름과 나이 외에 상대방의 직업이 알고 싶다면 이렇게 말하면 됩니다.

どちらにお勤(つと)めですか？

어디에서 근무하십니까?
(매우 공손한 표현)

편한 사이일 경우에는 아래처럼 말해도 됩니다.

何(なん)の仕事(しごと)をされていますか？

어떤 일을 하십니까?
(예의있는 표현)

どんなお仕事(しごと)ですか？

무슨 일 하세요?
(일반적인 표현)

상대방의 이름을 언급하고 싶다면 우선 이름 뒤에 조사 「は」를 붙이고 질문을 하면 됩니다.

田中(たなか)さんはどちらにお勤(つと)めですか？

다나카 씨는 어디에서 근무하십니까?

今井(いまい)さんはどんなお仕事(しごと)ですか？

이마이 씨는 무슨 일 하세요?

川村(かわむら)さんは何(なん)の仕事(しごと)をされていますか？

가와무라 씨는 어떤 일을 하십니까?

20 나는 ~ 일을 해요

MP3 03-20

자신이 무슨 일을 하는지 말할 때는 간단하게 대답하면 됩니다. '나는 ~ 일을 해요' 혹은 '나는 지금 ~에 몸담고 있어요' 하고 말이죠. '나는 지금 ~에 몸담고 있어요'라고 말하는 것은 자신이 하는 일의 종류를 설명하는 것입니다.

げいじゅつか
芸術家
예술가

じえいぎょう
自営業
자영업

のうぎょう
農業
농업

きょうし
教師
교사

こうむいん
公務員
공무원

ガイド
여행가이드

かしゅ
歌手
가수

さっか
作家
작가

かんごし
看護師
간호사

はいゆう
俳優
배우

けんちくか
建築家
건축가

じぎょうか
事業家
사업가

せいじか
政治家
정치가

エンジニア
엔지니어

びようし
美容師
미용사

けいさつかん
警察官
경찰관

べんごし
弁護士
변호사

デザイナー
디자이너

ぎんこういん
銀行員
은행원

무슨 일을 하는지 대답할 때 아래처럼 간단하게 말할 수도 있어요.

나는 ~입니다

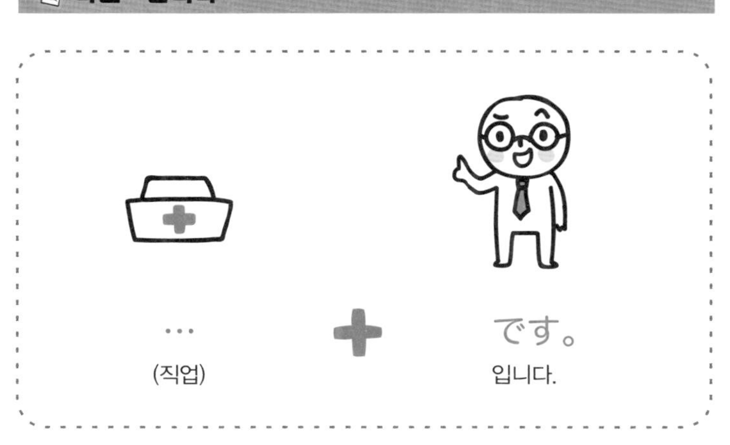

弁護士(べんごし)です。

변호사예요.

警察官(けいさつかん)です。

경찰관이에요.

직업을 나타내는 다른 방법으로는 '현재 나의 직업은 ~' 혹은 '나는 지금 ~에 몸담고 있어요'가 있어요.

나는 지금 ~에 몸담고 있어요 (현재 하고 있는 일이 무엇인지 나타냄)

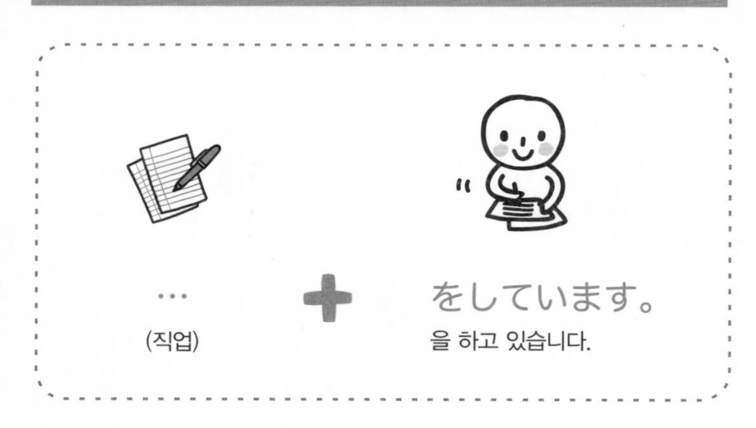

学校(がっこう)の教師(きょうし)をしています。

나는 학교 선생님을 하고 있어요.

医者(いしゃ)をしています。

의사입니다.

나는 ~에서 일해요

직업을 이야기할 때 일하는 장소나 직책을 알려 주면 더욱 자세하게 말할 수 있어요.

北海道(ほっかいどう)で農家(のうか)をしています。
훗카이도에서 농가를 하고 있어요.

沖縄(おきなわ)で漁師(りょうし)をしています。
오키나와에서 어부를 하고 있어요.

東京大学(とうきょうだいがく)で教授(きょうじゅ)をしています。
도쿄대학에서 교수로 일하고 있어요.

デパートで警備員(けいびいん)をしています。
백화점에서 경비원을 하고 있어요.

Word

- 農家(のうか) 농가, 농사 짓는 일
- 漁師(りょうし) 어부, 고기잡이
- 教授(きょうじゅ) 교수
- デパート 백화점
- 警備員(けいびいん) 경비원

▶ Dialogue

あ！木村(きむら)さん！久(ひさ)しぶりです！

아! 기무라 씨! 오랜만이에요!

三浦(みうら)さん！久(ひさ)しぶりですね。
今(いま)、どんなお仕事(しごと)ですか？

미우라 씨! 오랜만이에요.
지금 무슨 일 하고 있어요?

小学校(しょうがっこう)で教師(きょうし)をしていますよ。
木村(きむら)さんは？

초등학교에서 교사를 하고 있어요.
기무라 씨는요?

今(いま)、技師(ぎし)ですよ。

지금 엔지니어(기사)예요.

Memo

일본인들에게는 일에 대해 지켜야 할 「報連相(ほうれんそう)」라는 세 가지 원칙이 있어요.

報連相(ほうれんそう)

아래의 세 단어의 머리글자에서 온 말이에요.

- 報告(ほうこく) : 보고. 상급자에게 일의 진행 상황을 보고하는 것
- 連絡(れんらく) : 연락. 연락을 유지하고, 지속적으로 의견을 나누는 것
- 相談(そうだん) : 상담. 문제가 생겼을 때 대화를 통해 몰랐던 것을 배우거나 재빨리 해결하는 것을 뜻해요.

어느 나라 사람이에요?

상대방이 어느 나라 사람인지 혹은 어디 출신인지 알고 싶다면 아래와 같이 물어 보세요.

MP3 03-21

ご出身(しゅっしん)はどちらですか？

어디 출신이에요?

三浦(みうら)さん、
ご出身(しゅっしん)はどちらですか？

미우라 씨는 어디 출신이에요?

山田(やまだ)さん、
ご出身(しゅっしん)はどちらですか？

야마다 씨, 어디 출신이에요?

22 나는 ~ 사람이에요

'나는 ~ 사람이에요'라고 말하기 위해선 우선 지명을 알아야겠죠? 기억하기 쉬운 나라 위주로 알아 보도록 할게요.

韓国(かんこく)	한국
日本(にほん)	일본
中国(ちゅうごく)	중국
タイ	태국
香港(ホンコン)	홍콩
ブルネイ	브루나이
ベトナム	베트남
カンボジア	캄보디아
ラオス	라오스
フィリピン	필리핀
マレーシア	말레이시아
ミャンマー	미얀마
スペイン	스페인
ロシア	러시아
カナダ	캐나다

メキシコ	멕시코
ギリシア	그리스
インド	인도
ブータン	부탄
アメリカ	미국
イギリス	영국
イタリア	이탈리아
フランス	프랑스
ポルトガル	포르투갈

어느 나라 사람이라고 말할 때는 나라 이름 뒤에 「人(じん)」만 붙여도 됩니다.

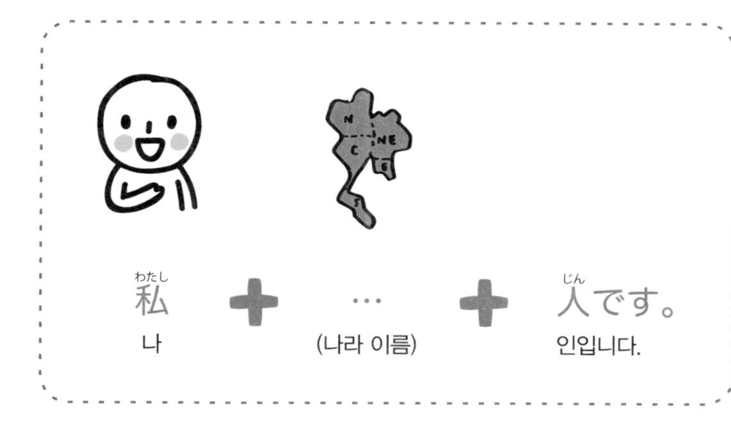

私(わたし)はベトナム人(じん)です。

나는 베트남 사람이에요.

私(わたし)はブラジル人(じん)です。

나는 브라질 사람이에요.

私(わたし)はインド人(じん)です。

나는 인도 사람이에요.

'나의 고향(출신)은 ~에요'라고 말할 수도 있어요. 그럴 때는 「人(じん)です」를 「出身(しゅっしん)です」로 바꿔 주기만 하면 됩니다.

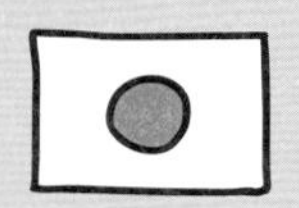

私(わたし)は日本(にほん)出身(しゅっしん)です。

나는 일본 출신이에요.

私(わたし)は札幌(さっぽろ)出身(しゅっしん)です。

나는 삿포로 출신이에요.

私(わたし)は京都(きょうと)出身(しゅっしん)です。

나는 교토 출신이에요.

▶ Dialogue

あなたは日本人(にほんじん)に見(み)えないですけど、ご出身(しゅっしん)はどちらですか？

당신은 일본인으로 보이지 않는데,
어디 출신이에요?

私(わたし)はタイ人(じん)です。

나는 태국인이에요.

そうですか。旅行(りょこう)ですか？

그렇군요, 여행이세요?

いいえ、仕事(しごと)です。

아뇨, 업무차예요.

어디에서 왔어요?

MP3 03-23

어디 출신인지, 어느 나라에서 왔는지 물어 보기도 하지만 간단히 어디에서 왔는지 묻기도 합니다. 그럴 때는 이렇게 말하세요.

どちらから来(き)ましたか？
어디에서 오셨어요?

田中(たなか)さん、
どちらから来(き)ましたか？
다나카 씨는 어디서 오셨어요?

木村(きむら)さん、
どちらから来(き)ましたか？
기무라 씨는 어디서 오셨습니까?

나는 ~에서 왔어요

'어디에서 왔어요?'라는 질문을 받았을 때는 상대방에게 어느 나라 혹은 도시에서 왔는지 대답해 주면 됩니다.

タイから来ました。
태국에서 왔어요.

ロシアから来ました。
러시아에서 왔어요.

イギリスから来(き)ました。

영국에서 왔어요.

▶ Dialogue

高橋(たかはし)さん、
どちらから来(き)ましたか？

다카하시 씨는 어디에서 왔어요?

大阪(おおさか)から来(き)ました。

오사카에서 왔어요.

え！私(わたし)も大阪(おおさか)から来(き)ましたよ。

어! 나도 오사카에서 왔어요.

二人(ふたり)とも大阪出身(おおさかしゅっしん)ですね。

둘 다 오사카 출신이네요.

人を紹介する

(ひと を しょうかい する)

다른 사람 소개하기

▶ MP3 04-24

소개하겠습니다

처음 만나는 사람과의 관계에서는 첫 만남이 굉장히 중요합니다. 자신을 어떻게 소개할지 혹은 다른 사람을 어떻게 소개할지 연습해야 좋은 첫인상을 남길 수 있어요.

~를 소개하겠습니다

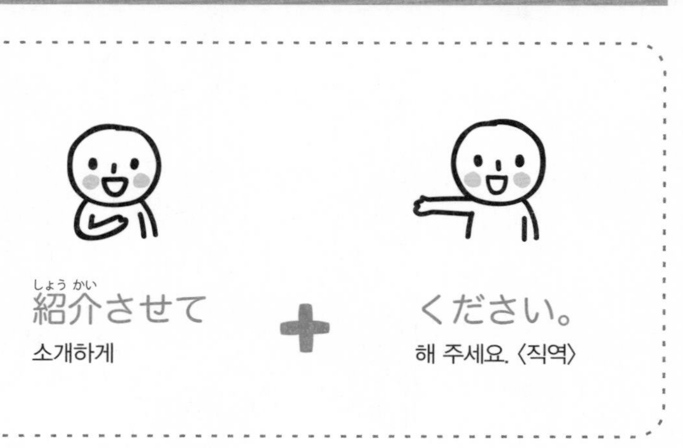

일본어를 그대로 직역하면 이는 '나로 하여금 소개하게 해 주세요'의 의미인데, 이를 자연스럽게 의역하면 '소개하겠습니다'가 됩니다.

~에게 ~를 소개하겠습니다

… + に + … +

(소개받는 대상)　~에게　(소개해 줄 대상)

を + 紹介(しょうかい)させて + ください。

~을(를)　소개하겠습니다.

あなたに家族(かぞく)を紹介(しょうかい)させてください。

당신에게 가족을 소개하겠습니다.

彼(かれ)にあなたを紹介(しょうかい)させてください。

그에게 당신을 소개하겠습니다.

▶ **Dialogue**

斉藤(さいとう)さん、今井(いまい)さんを紹介(しょうかい)させてください。

사이토 씨, 이마이 씨를 소개하겠습니다.

こんにちは。今井(いまい)です。はじめまして。

안녕하세요, 이마이입니다. 처음 뵙겠습니다.

こんにちは。はじめまして。斉藤(さいとう)です。よろしくお願(ねが)いします。

안녕하세요, 처음 뵙겠습니다.
사이토입니다. 잘 부탁드립니다.

こちらこそ、よろしくお願いします。

저야말로, 잘 부탁드립니다.

25 이 사람을 소개합니다

MP3 04-25

다른 사람을 소개하는 표현입니다. 상대방도 당신이 누군가를 소개할 것이라는 것을 알고 있을 때 사용합니다.

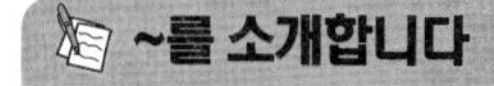

~를 소개합니다

今井(いまい)さんをご紹介(しょうかい)します。

이마이 씨를 소개합니다.

西田(にしだ)さんをご紹介(しょうかい)します。

니시다 씨를 소개합니다.

잘 알고 있는 사람을 다른 사람에게 소개하려면 「こちらは(이쪽은)」라고 하고 뒤에 그 사람의 이름을 말하면 됩니다. 「こちら」는 장소를 의미하기도 합니다.

이쪽은 ~씨입니다

こちら	＋	は	＋	…	＋	さん	＋	です。
이분(이쪽)		은		(사람 이름)		씨		입니다.

こちらは斉藤(さいとう)さんです。

이쪽은 사이토 씨입니다.

こちらは木村(きむら)さんです。

이쪽은 기무라 씨입니다.

이름 뒤에 「さん」을 붙이면 '~씨'라는 의미인데, 사람을 높여 부르는 존칭 표현입니다.

Memo

보통 선배가 먼저 후배를 소개하고, 외부 사람이나 손님, 자신의 구성원에게 잘 모르는 사람을 먼저 소개합니다.
그리고 외부인에게 자신과 관련된 사람을 소개할 때는 이름 뒤에 「さん」을 붙이지 않는다는 점에 주의하세요.

▶ Dialogue

三浦(みうら)さん、
こちらは田中(たなか)さんです。

미우라 씨, 이쪽은 다나카 씨예요.

こんにちは。始(はじ)めまして。

안녕하세요, 처음 뵙겠습니다.

こんにちは。始(はじ)めまして。

안녕하세요, 처음 뵙겠습니다.

田中(たなか)さん、こちらは三浦(みうら)です。

다나카 씨, 이쪽은 미우라예요.

どうも。

반갑습니다.

よろしくお願(ねが)いします。

잘 부탁드립니다.

26 그는 ~의 ~예요

MP3 04-26

이름 이외에 그 사람과 어떤 관계인지 소개할 때 쓰는 말을 알아볼게요.

父(ちち) 아버지	母(はは) 어머니	兄(あに) 오빠(형)
姉(あね) 누나(언니)	弟(おとうと) 남동생	妹(いもうと) 여동생
同僚(どうりょう) 동료	友人(ゆうじん) 친구	上司(じょうし) 상사
フィアンセ 약혼자	旦那(だんな) 남편	家内(かない) 아내

Memo

일본인들은 친하지 않은 사람에게는 개인 사생활을 잘 이야기하지 않아요. 남녀가 친구관계인 상황에서 매우 가까운 사이가 되기 전까지는 거의 이야기하지 않을 거예요. 그래서 특별히 소개해야 하는 상황이라면 대부분 어떤 관계인지 명확하게 드러내는 편이에요. 부인이나 남편처럼 말이에요.

이분은 ~의 ~예요

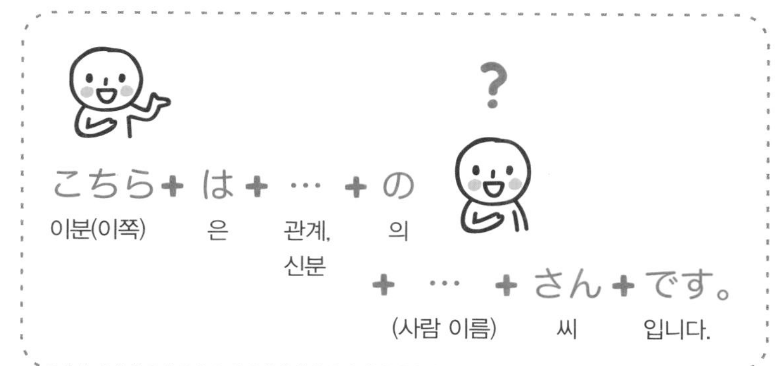

친한 사람을 소개할 때는 이름 뒤에 「さん」을 붙이지 않고 이름만 이야기해도 됩니다.

こちらは妹(いもうと)の美奈子(みなこ)です。

이쪽은 여동생인 미나코예요.

こちらは医者(いしゃ)の伊藤(いとう)さんです。

이쪽은 의사인 이토 씨예요.

こちらは家内(かない)の洋子(ようこ)です。

이쪽은 아내인 요코입니다.

소개 후에는 다른 정보를 이어서 설명할 수도 있습니다. 이름을 말한 후에 바로 이어서 말하면 됩니다. 하지만 일반적으로 정말 가까운 사이가 아니거나 상대방의 나이가 어릴 경우에는 나이를 말하지 않아요.

加藤(かとう)さんは日本人(にほんじん)です。

가토 씨는 일본인이에요.

三浦(みうら)さんは看護師(かんごし)です。

미우라 씨는 간호사예요.

今井(いまい)さんは今年(ことし)二十五(にじゅうご)歳(さい)です。

이마이 씨는 올해 스물다섯 살이에요.

▶ **Dialogue**

今井(いまい)さん！お久(ひさ)しぶりです。

이마이 씨, 오랜만입니다.

お久(ひさ)しぶりですね。
あ！こちらは私(わたし)の同僚(どうりょう)の佐藤(さとう)さんです。
佐藤(さとう)さん！こちらは友達(ともだち)の森(もり)です。

오랜만이에요.
아! 이쪽은 내 동료인 사토 씨예요.
사토 씨, 이쪽은 친구인 모리예요.

Memo

위 대화에서 둘은 많이 친해 보이지 않아요. 그래서 소개할 때 이름 뒤에 「さん」을 붙여서 상대방에게 존중을 표현했어요. 비교적 친하거나 서로 잘 아는 사이라면 다른 사람에게 소개할 때 「さん」을 붙일 필요가 없어요.

森(もり)です。よろしくお願(ねが)いします。
よく佐藤(さとう)さんのことを聞(き)きました。

모리입니다. 잘 부탁드립니다.
사토 씨의 이야기를 자주 들었어요!

Word

- 同僚(どうりょう) 동료
- よく 자주, 곧잘
- 聞(き)く 듣다, 묻다

歓迎(かんげい)する

환영하기

27 어서 오세요

일본인의 집에 방문할 일이 생기면 반드시 사전에 상대방에게 알려야 하는데요. 이것은 매우 중요한 일입니다. 대부분의 일본인들은 사적인 공간을 매우 중시하기 때문에 갑작스럽게 상대방의 집을 방문하는 것은 좋지 않습니다. 또한 방문을 부탁할 때도 예의를 지켜야만 합니다. MP3 05-27

ごめんください。

실례합니다.

집 주인은 당신을 맞이할 때 이렇게 말할 것입니다. '환영해요', '어서오세요'.

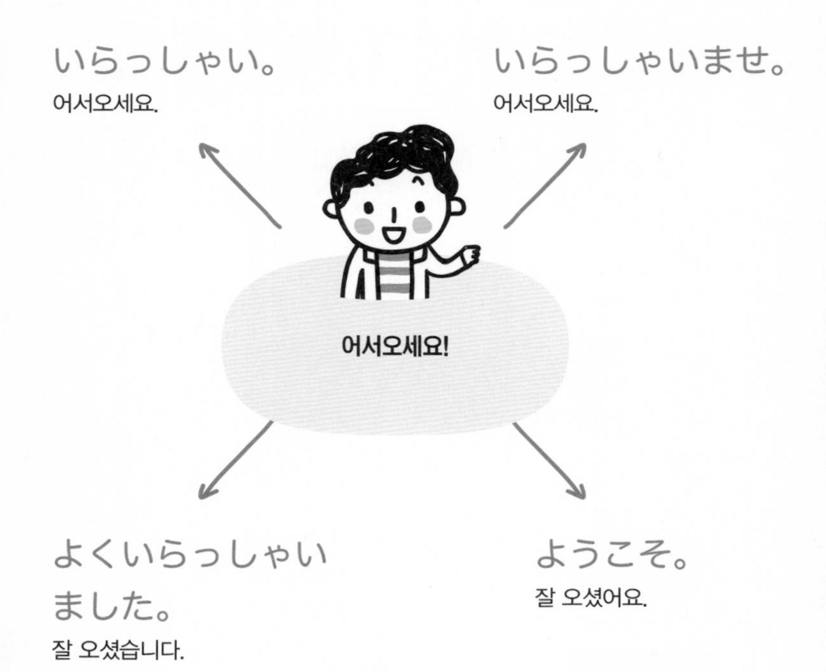

아래에 나오는 환영의 말들은 보통 사람이 집안으로 들어온 후에 말합니다.

お目(め)にかかれて
嬉(うれ)しいです。

만나뵙게 되어 기쁩니다.

お会(あ)いできて
嬉(うれ)しいです。

만나서 반가워요.

お出(い)でくださって
嬉(うれ)しいです。

와 주셔서 기쁩니다.

어떤 일 때문에 여기까지 오셨나요?

앞서 말한 대로 사전에 말하지 않고 일본인의 집을 방문하는 것은 상대방을 난처하게 할 수 있어 좋지 않습니다. 일본인들은 손님을 맞이한다고 하면 굉장히 많은 준비들을 합니다. 청소뿐만 아니라 음식과 간식을 준비하고, 심지어 따로 다과를 준비하기도 합니다. 손님 대접을 제대로 못하는 것도 손님에게 폐를 끼친다고 생각하기 때문이죠. 그러나 만약에 미처 방문 의사를 말하지 않고 방문하게 되면 일본인들은 이렇게 물어 볼 것입니다.

何(なん)の用(よう)でここに来(き)たのですか？

어떤 일로 여기에 오셨나요?

28 안으로 들어오세요

MP3 05-28

집주인은 손님을 안으로 들어오게 할 텐데, 그때 쓰는 표현을 알아 볼게요.

どうぞ、お入(はい)りください。

어서 들어오세요.

どうぞ、お上(あ)がりください。

어서 들어오세요,

どうぞ、こちらへ。

이쪽으로 오세요.

집주인이 손님을 들어오게 했다면 손님은 어떻게 대답해야 할까요?

お邪魔(じゃま)します。

실례하겠습니다.

▶ **Dialogue**

どうぞ、お上(あ)がりください。

어서 들어오세요.

お邪魔(じゃま)します。

실례하겠습니다.

편하게 앉으세요

초대받은 손님은 조심스러워서 집 안의 물건도 못 만지고 먼저 앉지도 못할 거예요. 집주인으로서 먼저 한마디 해 주면 좋겠죠?

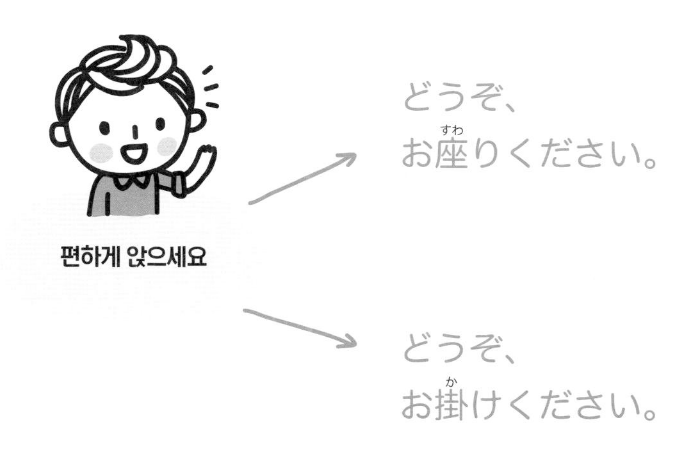

PART 05 환영하기

다음은 손님에게 음료를 권하는 말을 알아 볼게요.

何が飲みたいんですか？(なに、の)
뭘 마시고 싶으세요?

お飲み物はいかがですか？(の、もの)
마실 것 좀 드릴까요?

또는 바로 '~좀 마실래요?'라고 말할 수도 있어요.

~좀 마실래요?

…
(음료 이름)

+

はいかがですか？
은 어떻습니까?

コーヒーはいかがですか？

커피는 어떠세요?

お茶(ちゃ)はいかがですか？

차는 어떠세요?

牛乳(ぎゅうにゅう)はいかがですか？

우유는 어떠세요?

レモンジュースはいかがですか？

레몬 주스는 어떠세요?

일본에 놀러 갈 기회가 생기면 자판기에서 많은 종류의 음료를 파는 것을 볼 수 있을 거예요. 그래서 고르는 것도 고민에 빠지게 되지요. 차가운 것도 있고 따뜻한 것도 있어요. 뿐만 아니라 포장도 아주 예쁘게 되어 있어요.

お茶(ちゃ) 차	ワイン 와인	梅酒(うめしゅ) 매실주
コーヒー 커피	ビール 맥주	オレンジジュース 오렌지주스
水(みず) 물	生(なま)ビール 생맥주	ソフトドリンク 탄산음료
紅茶(こうちゃ) 홍차	お酒(さけ) 술	

그러나 이미 무언가를 마셨거나 마실 생각이 없다면 집 주인에게 이렇게 말하세요.

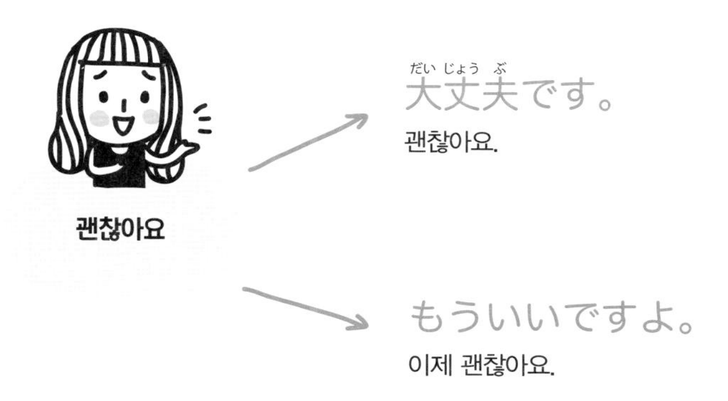

이렇게 대답하는 방법도 있어요.

▶ Dialogue

お茶(ちゃ)はいかがですか？
차는 어떠세요?

もう結構(けっこう)です。
ありがとうございます。
이제 괜찮아요. 감사합니다.

때마침 목이 마를 때 집주인이 음료수를 권했다면 이렇게 말해 보세요.

お願(ねが)いします。すみません。
부탁드립니다. 고마워요.

「すみません」에는 여러 뜻이 있어요. 보통은 '죄송합니다' '미안합니다'라는 뜻이지만 미안한 마음을 담아 '고맙습니다'라고 할 때도 쓸 수 있어요.

▶ **Dialogue**

お飲(の)み物(もの)はいかがですか？
ウーロン茶(ちゃ)を飲(の)みますか？

마실 것 좀 드릴까요? 우롱차 마실래요?

はい。お願(ねが)いします。すみません。

네. 부탁드려요. 고맙습니다.

田中(たなか)さん、
お飲(の)み物(もの)はいかがですか？

다나카 씨, 마실 것 좀 드릴까요?

水(みず)をお願(ねが)いします。すみません。

물 주세요. 감사합니다.

MP3 05-30

30 편하게 있으세요

손님이 집에 왔을 때 꼭 해 주어야 할 말이 하나 더 있습니다. 조금 더 편하게 있을 수 있도록 말이죠. 이렇게 말해 보세요.

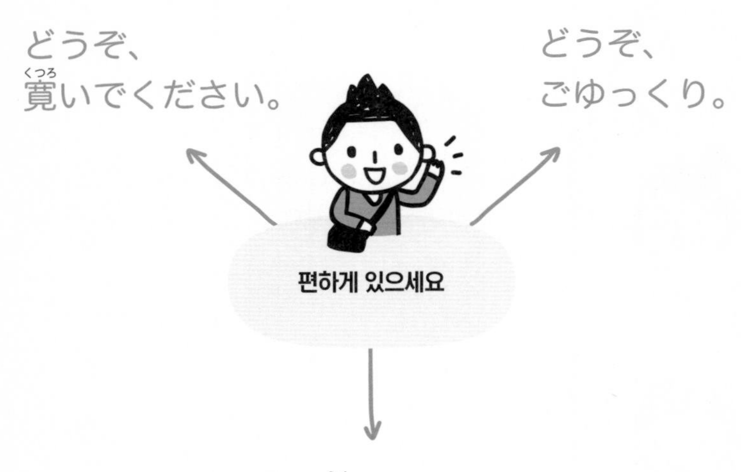

どうぞ、お楽(らく)にしてください。

새로운 동료 환영하기

MP3 05-31

일본의 회사는 새로운 동료가 오면 환영하는 기간이 있습니다. 일반적으로 회사에서는 신입사원을 환영하는 행사를 합니다. 퇴근 후에 하는 회식처럼 말이에요. 그러나 회사생활을 하다보면 어려운 일이 생길 수도 있을 거예요. 하지만 동료가 있다면 함께 헤쳐 나갈 수 있겠지요.

かんぶ
幹部
간부

だいひょうとりしまりやく
代表取締役
대표이사

どうりょう
同僚
동료

ひしょ
秘書
비서

じょうし
上司
상사

ぶか
部下
부하

ぶちょう
部長
부장

새로운 동료를 환영할 때 보통 이런 말들로 시작하며, 서로에 대해 좋은 감정을 만들어 갑니다. 일반적으로 상자가 주관하여 시작해요.

我々のチームにようこそ。

우리 팀에 들어온 것을 환영해요.

我々と働いて楽しんでくれたら嬉しいです。

우리와 일하며 즐거우면 기쁠 거예요.

새로운 동료와 어느 정도 함께 함께 일하게 된 후에는 이렇게 물을 수 있을 거예요.

新(あたら)しい仕事(しごと)になれましたか？

새로운 일에 익숙해졌어요?

同僚(どうりょう)と仲良(なかよ)くやっていますか？

동료들과는 잘 지내요?

何(なに)か問題(もんだい)はありますか？

무슨 문제 있나요?

대부분의 신입사원은 아마 '괜찮아요, 모두들 잘해주십니다'라고 대답할 겁니다. 이때 지나치게 솔직하면 나중에 조금 힘들어질지도 몰라요.

大丈夫(だいじょうぶ)です。

괜찮아요.

万時順調(ばんじじゅんちょう)です。

모든 일이 순조롭습니다.

仲良(なかよ)くやっています。

사이좋게 지내고 있어요.

感謝(かんしゃ)する

감사하기

MP3 06-32

32 고마워요

혹시 생각해 본 적 있나요? 새로운 언어를 공부할 때 가장 먼저 배우게 되는 말은 아마도 '고마워요'일 거예요.

ありがとう。
고마워.

ありがとうございます。
고맙습니다.

どうもありがとうございます。
대단히 고맙습니다.

다양한 상황에서 하는 감사의 말

MP3 06-33

각기 다른 상황에서 감사의 말을 하는 건 사실 어렵지 않습니다. 감사할 일을 '고마워요' 앞에 두기만 하면 됩니다. 그리고 감사할 일의 앞에 다시 'お'나 'ご'를 더해 주면 더욱 정중하게 들리게 됩니다.

お見舞(みま)い 문병	お気遣(きづか)い 걱정, 염려	ご配慮(はいりょ) 배려	ご協力(きょうりょく) 협력
お返事(へんじ) 대답, 답장	お誘(さそ)い 초대	ご清聴(せいちょう) 경청해 줌	ご注意(ちゅうい) 주의
お電話(でんわ) 전화	ご確認(かくにん) 확인	ご理解(りかい) 이해	ご心配(しんぱい) 걱정, 심려

~에 감사합니다

…

감사하는 상황
(명사)

+

ありがとうございます。

감사합니다.

ご清聴(せいちょう)ありがとうございます。

경청해 주셔서 감사합니다.

ご協力(きょうりょく)ありがとうございます。

도와주셔서 감사합니다.

ご心配(しんぱい)ありがとうございます。

걱정해 주셔서 감사합니다.

お見舞(みま)いありがとうございます。

문병 와 주셔서 감사합니다.

MP3 06-34

~해 줘서 고마워요

다른 사람에게 도와줘서 고맙다는 말을 할 때 도움을 준 일은 동사에 속하기 때문에 동사의 て형을 사용해야 합니다. 그 후에 (나를 위해) 해 줘서라는 문장을 넣어준 후 맨 뒤에 고맙다는 말을 합니다.

날 위해서 ~를 해줘서 고마워요

… + くれて + ありがとうございます。

감사한 상황 (동사의 て형) / 줘서 / 고마워요.

良(よ)いアドバイスをしてくれて、ありがとうございます。

좋은 조언을 해주셔서 감사합니다.

パーティーに誘(さそ)ってくれて、ありがとうございます。

파티에 초대해 주셔서 감사합니다.

手伝(てつだ)ってくれて、ありがとうございます。

도와주셔서 감사합니다.

迎(むか)えに来(き)てくれて、ありがとうございます。

데리러와 주셔서 감사합니다.

Word

- アドバイス(advicd) 조언, 충고
- パーティー(party) 파티
- 誘(さそ)う 초대하다, 부르다
- 手伝(てつだ)う 도와주다, 거들다
- 迎(むか)えに来(く)る 데리러오다, 마중나오다

▶ Dialogue

ケーキを食(た)べました。
おいしかったです。
케이크 먹었어요. 맛있었어요!

そうですか？嬉(うれ)しいです。
自分(じぶん)で作(つく)りましたよ。
그래요? 기쁘네요. 직접 만들었어요.

作(つく)ってくれて、ありがとう
ございます。
만들어 주셔서 감사합니다.

いいえ、とんでもないです。
아니에요. 천만에요.

Word ・自分(じぶん)で 직접, 손수 ・作(つく)る 만들다

MP3 06-35

감사한 정도가 매우 강하다면 '감사합니다' 말 앞에 아래의 단어들을 더할 수 있습니다. 정도에 따라 알맞은 단어를 추가하면 됩니다.

とても	大変(たいへん)	本当(ほんとう)に	心(こころ)から
매우	대단히	정말로	진심으로

心(こころ)から感謝(かんしゃ)しています。
진심으로 감사드립니다.

本当(ほんとう)にありがとうございます。
정말로 감사합니다.

本当(ほんとう)にありがとう。
정말로 고마워.

大変(たいへん)ありがとうございました。
대단히 감사합니다.

▶ **Dialogue**

この前(まえ)、良(よ)いアドバイスをしてくれてありがとうございました。助(たす)かりました。
일전에 좋은 조언을 해 주셔서 감사합니다.
도움이 됐습니다.

いいえ、頑張(がんば)ってくださいね。
아니에요, 힘내세요.

36 감사의 마음을 전하는 다른 표현

MP3 06-36

직접 고맙다는 말을 하는 것 이외에도 감사의 마음을 전하는 표현들이 있습니다. 이런 방법으로 말해 보는 것도 괜찮아요!

あなたは私(わたし)の命(いのち)の恩人(おんじん)です。

당신은 내 생명의 은인이에요.

お邪魔(じゃま)します。

실례하겠습니다.
(방문할 때)

Word

- 命(いのち)の恩人(おんじん) 생명의 은인
- 少(すく)なからず 적지 않은, 몹시
- 恩義(おんぎ) 보답해야 할 은혜

彼(かれ)に少(すく)なからず恩義(おんぎ)があります。

그 사람에게 적지 않은 빚을 졌어요.

感謝(かんしゃ)いたします。

감사드립니다.

MP3 06-37

37 괜찮아요 (감사의 말을 들었을 때)

상대방으로부터 감사의 말을 들었을 때 '괜찮아요'나 '아니에요'라고 답할 수 있습니다. 이때 상대방이 자신을 위해 큰 수고나 불편함을 겪었다고 생각할 수도 있기 때문에 몇 마디를 더해서 정말 아무렇지도 않다는 것을 강조할 수 있어요.

大丈夫(だいじょうぶ)ですよ。

괜찮아요.

それは全(まった)く問題(もんだい)ないですよ。

그건 전혀 문제없어요.

いいえ、とんでもないことです。

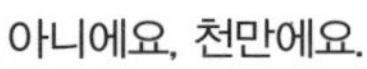

아니에요, 천만에요.

Word

- 全(まった)く 전혀, 완전히
- 問題(もんだい)ない 문제 없다

▶ Dialogue

この間(あいだ)、どうもありがとうございました。

일전에는 감사했습니다.

いいえ、とんでもないことです。

아니에요, 천만에요.

今度(こんど)、コーヒーでも一緒(いっしょ)に飲(の)みに行(い)きましょうか?

다음에 커피라도 같이 마시러 가시겠어요?

Word

- **この間(あいだ)** 일전, 요전
- **今度(こんど)** 이 다음
- **一緒(いっしょ)に** 함께

いいですね。

좋아요.

38 기꺼이

MP3 06-38

보답을 바라기보다는 순수한 마음에서 그 사람을 도와주고 싶은 마음일 때, '기꺼이 하겠습니다'라고 합니다. 이 말은 이렇게 표현하면 됩니다.

もちろん、喜(よろこ)んで。

물론이에요. 기꺼이

매우 겸손하게 말할 수 있습니다.

それは私(わたし)の喜(よろこ)びです。

그건 제 기쁨입니다.

こちらこそ。

저야말로.

▶ Dialogue

ご指導(しどう)、
本当(ほんとう)に感謝(かんしゃ)いたします。

지도해 주셔서 정말 감사드립니다.

いいえ、私(わたし)の喜(よろこ)びです。

아니예요. 제가 기쁘죠.

Word

- 指導(しどう) 지도
- 本当(ほんとう)に 정말로, 참으로

39 별것 아니에요

▶ MP3 06-39

'별것 아니에요(신경 쓰지 마세요)'라고 말하고 싶다면 아래 표현을 사용하면 됩니다. 하지만 이 표현은 보통 친구나 후배에게만 쓰는 표현이라는 걸 잊지 마세요!

いいえ、少(すこ)しも。

아니. 전혀 (그렇지 않아).

▶ Dialogue

パーティーに誘(さそ)ってくれて、ありがとうね。

파티에 초대해 줘서 고마워.

いいえ、少(すこ)しも。

아니, 전혀.

謝罪(しゃざい)する

사과하기

40 미안합니다

MP3 07-40

일본인들은 사회적으로 언행에 대한 요구가 굉장히 엄격합니다. 특히 업무를 할 때 '사과'를 표현하는 테크닉을 중요시 여깁니다. 일본인들은 진정으로 사과를 하기 전에 이리저리 핑계 대는 것을 싫어하는 편이기 때문이에요.

すみません。
미안합니다.

사과의 의미 이외에도 자신이 실례했거나 지나치다고 생각이 되면 대게 「すみません」이라고 해요. 사용범위는 다양합니다. 영어의 'Excuse Me'와 쓰임이 비슷해요.

すみません、ちょっと通(とお)ってもいいですか？

실례합니다. 좀 지나가도 될까요?

すみません、あれを取(と)っていただけませんか？

미안합니다. 저것 좀 집어줄 수 있나요?

すみません、もう一度(いちど)道(みち)を教(おし)えていただけませんか？

미안합니다. 다시 한 번 길을 알려주실 수 있나요?

ごめんなさい。

죄송합니다.

「ごめんなさい」는 친한 친구나 아랫사람에게 사과하는 표현입니다.

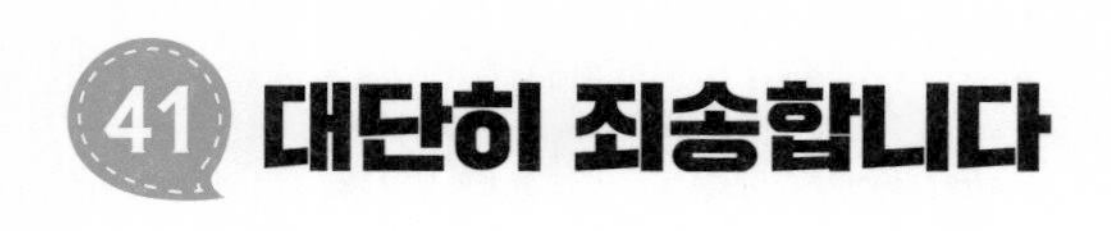

정식으로 사과의 말을 전할 때 대상이 선배나 상사라면 이렇게 말합니다.

申し訳ないです。(もう・わけ)

죄송합니다.

앞에서 말한 것처럼 일본인들이 사과를 하는 태도는 매우 엄격합니다. 이번에 나올 표현들은 매우 겸손한 표현입니다. 두 가지 모두 사용할 수 있는데, 아래 표현이 훨씬 더 겸손한 표현이에요.

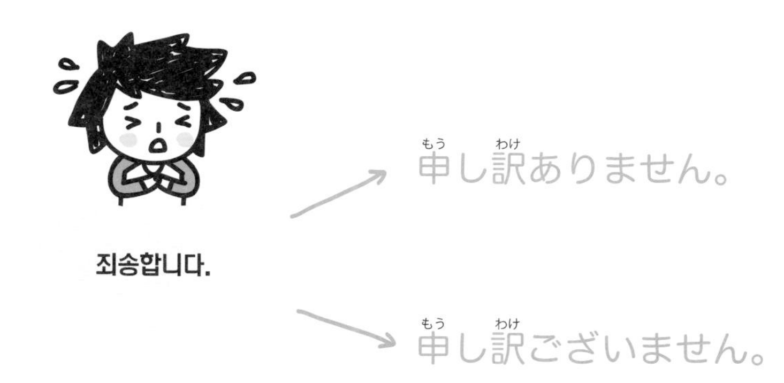

만약 사과하고 싶은 것이 있다면 사과할 내용 뒤에 위치시키면 됩니다.

~를 해서 정말 죄송합니다

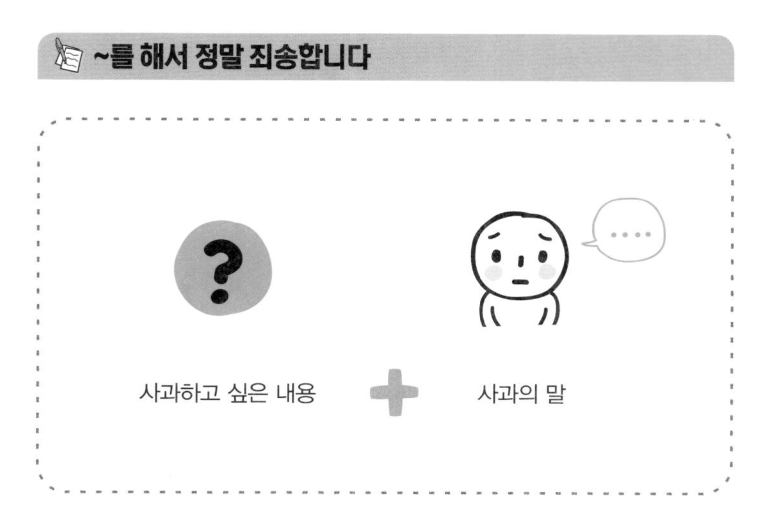

悪(わる)いことをして、ごめんなさい。

나쁜 짓을 해서 미안해.

長(なが)い間(あいだ)お待(ま)たせして、すみません。

오랫동안 기다리게 해서, 미안합니다.

面倒(めんどう)をかけて、申(もう)し訳(わけ)ないです。

폐를 끼치게 되어 죄송합니다.

Word

- 長(なが)い間(あいだ) 오랫동안, 장시간
- 待(ま)たせる 기다리게 하다
- 面倒(めんどう)をかける 폐를 끼치다

42 다시는 안 그럴게요

MP3 07-42

일본인들은 사과를 하고 나서 다짐하는 습관이 있어요. 특히 큰 잘못을 저질렀을 때 상대방의 기분을 누그러뜨리기 위해 '다시는 이런 잘못을 하지 않을게'라고 한 마디를 더합니다.

もう二度(にど)としません。

두 번 다시 하지 않겠습니다.

こんなことはもう決(けっ)してしません。

이런 일은 이제 결코 하지 않을 거예요.

不倫(ふりん)は二度(にど)としません。

불륜은 두 번 다시 하지 않겠습니다.

仕事中(しごとちゅう)にもう寝(ね)ません。

업무 중에 이제 안 잘게요.

43 고의가 아니에요

사람은 누구나 잘못을 할 수 있어요. 만약 일부러 그런 것이 아니라 어쩌다 그렇게 되어 버린 것이라면 이렇게 말할 수 있어요.

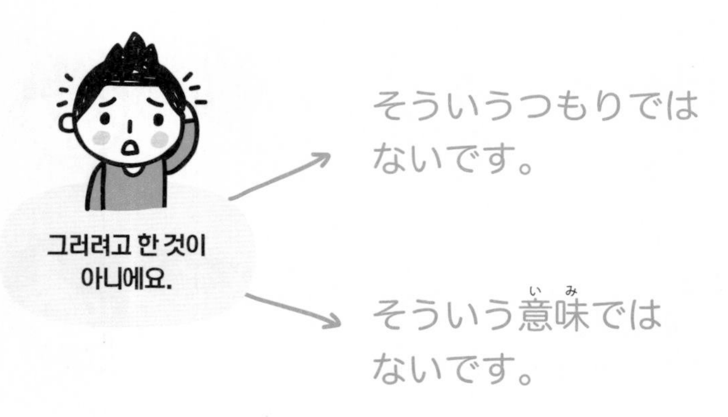

고의로 그런 것이 아니라고 바로 말하는 방법도 있습니다. 이렇게 표현하면 됩니다.

일부러 그런 것이 아니에요

…

일부러 그런 게
아닌 일

つもりではないです。
つもりはなかったです。

~할 셈은 아니에요.
~할 셈은 아니었어요.

だますつもりではないです。
속일 속셈은 아니에요.

怒(おこ)らせるつもりはなかったです。
화나게 할 셈을 아니었어요.

44 화내지 마세요

상대방과 매우 가까운 사이라면 이렇게 말할 수 있을 겁니다. '화내지 마세요'.

怒(おこ)らないでくださいね。

화내지 마세요.

45 용서해 주세요

어떻게 사과를 해야 상대방이 용서해 줄까요. 이렇게 말해 보세요.

許(ゆる)してください。

용서해 주세요.

どうか平(ひら)にご容赦(ようしゃ)ください。

아무쪼록 용서해 주십시오.

실례합니다 / 잠시만요

이 말들은 어떤 일을 하기 전에 상대방에게 '실례합니다'라고 말하는 것입니다. 영어의 'Excuse me'와 같아요.

すみません。
실례합니다.

失礼(しつれい)ですが。
실례합니다만.

恐(おそ)れ入(い)りますが。
죄송합니다만.

すみません、誰(だれ)かいませんか？

실례합니다, 아무도 안 계신가요?

失礼(しつれい)ですが、どちら様(さま)でしょうか？

실례합니다만, 누구십니까?

恐(おそ)れ入(い)りますが、今日(きょう)は満席(まんせき)です。

죄송합니다만, 오늘은 만석입니다.

Word

- 誰(だれ)か 누군가

MP3 07-47

47 괜찮아요

상대방이 사과도 했고 잘못한 것을 알고 있을 때 이렇게 한마디 해 주면 서로 예의를 지킬 수 있을 겁니다.

しん ぱい
心配しないで。
걱정하지 말아요.

だい じょう ぶ
大丈夫ですよ。
괜찮아요.

き
気にするな。
신경 쓰지 마.

たいしたことないよ。
별것 아니야.

それはそれほど大きな問題じゃないよ。

おお　もんだい

그건 그렇게 큰 문제가 아니야.

MP3 07-48

48 괜찮아 / 됐어

누군가 사과를 했을 때 '됐어'라고 하는 건 '괜찮아'라고 말하는 것과 같은 뜻입니다. 이 말은 가까운 사람이나 선후배 사이에서 쓰는 말입니다.

大丈夫(だいじょうぶ)ですよ。

괜찮아요.

気(き)にしないで。

신경 쓰지 마.

しょうがないね。

어쩔 수 없지.

時間(じかん)と日(ひ)にち

시간과 날짜

MP3 08-49

49 몇 시예요

일본인들은 시간관념이 엄격하기로 유명한데, 몇 시 몇 분이라고 하면 정말 딱 그 시간을 말합니다. 일본은 서비스업에서도 시간에 관해 굉장히 엄격합니다. 우리에게 1분 정도의 차이는 아무것도 아니지만 일본인들에게는 굉장히 큰 차이에요. 그렇기 때문에 시간약속을 어기면 안 됩니다.

今(いま)、何時(なんじ)ですか？

지금 몇 시예요?

일본어도 오전과 오후로 구분되어 있어 특정한 시간을 말할 때 붙여 주면 훨씬 더 자세하게 말할 수 있습니다.

AM 밤 12시부터 낮 11시 59분까지

午前(ごぜん) 오전

PM 낮 12시부터 밤 11시 59분까지

午後(ごご) 오후

~시

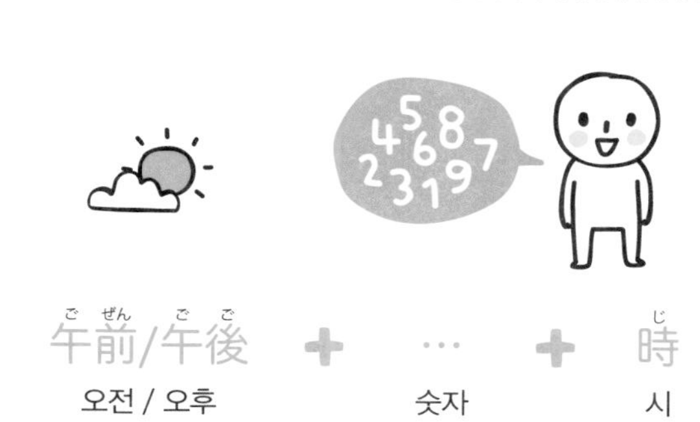

午前(ごぜん)/午後(ごご) + … + 時(じ)

오전 / 오후 　 숫자 　 시

午前六時(ごぜんろくじ)

오전 6시

午前十時(ごぜんじゅうじ)

오전 10시

午後三時(ごごさんじ)

오후 3시

午後十一時(ごごじゅういちじ)

밤 11시

몇 분인지 추가로 말하고 싶다면 「分」을 쓰는데, 앞에 오는 숫자에 따라 발음이 달라집니다.

じゅっ ぷん 十分	10분
じゅう 十	10
に じゅっ ぷん 二十分	20분
に じゅう 二十	20
さん じゅっ ぷん 三十分	30분
さん じゅう 三十	30
よん じゅっ ぷん 四十分	40분
よん じゅう 四十	40
ご じゅっ ぷん 五十分	50분
ご じゅう 五十	50

분을 말할 때는 10자리 뒤에 바로 1부터 9까지의 수를 더해 주면 됩니다(73 페이지 참조). 발음하는 방법은 변하지 않습니다. 예를 들어서 설명할게요.

に じゅっ ぷん 二十分	20분
に じゅう さん ぷん 二十三分	23분
に じゅう さん ぷん 二十 + 三分	20 + 3분
に じゅう さん ぷん = 二十三分	= 23분

~시 ~분

はち じ さん じゅう ろっ ぷん
八時三十六分

8시 36분

じゅう いち じ よん じゅう ご ふん
十一時四十五分

11시 45분

じゅう はち じ に じゅう きゅう ふん
十八時二十九分

18시 29분(오후 6시 29분)

오늘 무슨 요일이에요?

다른 사람에게 '오늘 무슨 요일이에요?'라고 물어보는 건 조금도 어렵지 않습니다. 하지만 질문을 받았을 때 무슨 '요일' 인지는 잘 기억해야겠죠!

今日(きょう)は何曜日(なんようび)ですか？

오늘 무슨 요일이에요?

일본어로 요일을 말할 때 어떻게 하는지 알아 볼게요.

月曜日(げつようび)

월요일

火曜日(かようび)

화요일

水曜日(すいようび)

수요일

木曜日(もくようび)

목요일

金曜日(きんようび)

금요일

土曜日(どようび)

토요일

日曜日(にちようび)

일요일

きょう　　げつ よう び
今日は月曜日です。
오늘은 월요일이에요.

きょう　　すい よう び
今日は水曜日です。
오늘은 수요일이에요.

きょう　　ど よう び
今日は土曜日です。
오늘은 토요일이에요.

오늘은 며칠이에요?

오늘이 몇 월, 며칠 혹은 몇 년인지 말하려면 같은 형태의 의문문으로 물어보면 됩니다. 며칠을 묻는 자리를 몇 월이나 몇 년으로 바꿔 주기만 하면 되기 때문입니다. 주의해야 할 점은 1부터 31일 중 발음이 특이한 특정한 날이 있기 때문에 확실하게 외워야 한다는 것입니다. 날짜를 읽는 방법은 81~83 페이지를 참고하세요.

今日(きょう)は何日(なんにち)ですか？

오늘 며칠이에요?

今月(こんげつ)は何月(なんがつ)ですか？

이번 달은 몇 월이에요?

今年(ことし)は何年(なんねん)ですか？

올해는 몇 년이에요?

電話(でんわ)する

전화하기

전화번호가 몇 번이에요?

요즘 일본인들은 전화통화를 할 기회가 점점 줄어들고 있어요. 대부분의 사람들이 여러 가지 앱을 통해 문자로 연락하는 경우가 많기 때문입니다. 하지만 일을 할 때나 중요한 업무를 할 때 전화통화는 여전히 중요합니다. 이번에 배울 두 가지 표현은 바로 이거예요. ▶ MP3 09-52

でんわばんごう
電話番号
전화번호

けいたいばんごう
携帯番号
휴대 전화 번호

Word

- けいたい 携帯 휴대 전화. 「けいたいでんわ 携帯電話」의 줄임말로, 「ケータイ」라고도 씀

お電話番号(でんわばんごう)をお聞(き)きしても よろしいでしょうか？

전화번호를 여쭤 봐도 되겠습니까?

電話番号(でんわばんごう)を教(おし)えていただけないでしょうか？

전화번호를 가르쳐 주실 수 있나요?

電話番号(でんわばんごう)聞(き)いていい？

전화번호 물어 봐도 돼?

携帯交換(けいたいこうかん)しようか？

휴대 전화 번호 교환할래?

Word

· 交換(こうかん)する 교환하다

53 전화번호 말하기

상대방에게 전화번호를 말하기 전에 일본어로 숫자를 읽을 수 있어야겠죠! 숫자를 읽는 방식은 우리말과 같아요. 하지만 특이하게 읽는 숫자가 있으니 주의하세요. 그리고 전화번호 사이의 '–'는 「の」라고 읽습니다.

03-3441-1386

ゼロ　さん　の
0　3　-

さん　よん　よん　いち　の
3　4　4　1　-

いち　さん　はち　ろく
1　3　8　6

08-0262-9227

ゼロ　はち　の
0　8　-

ゼロ　に　ろく　に　の
0　2　6　2　-

きゅう　に　に　なな
9　2　2　7

0-2330-2042

ゼロ	の
0	-

に	さん	さん	ゼロ	の
2	3	3	0	-

に	ゼロ	よん	に
2	0	4	2

일본어로 전화번호를 말해줄 때는 숫자를 모두 말한 후 뒤에 'です'를 붙여서 마무리해 주면 됩니다.

번호는~

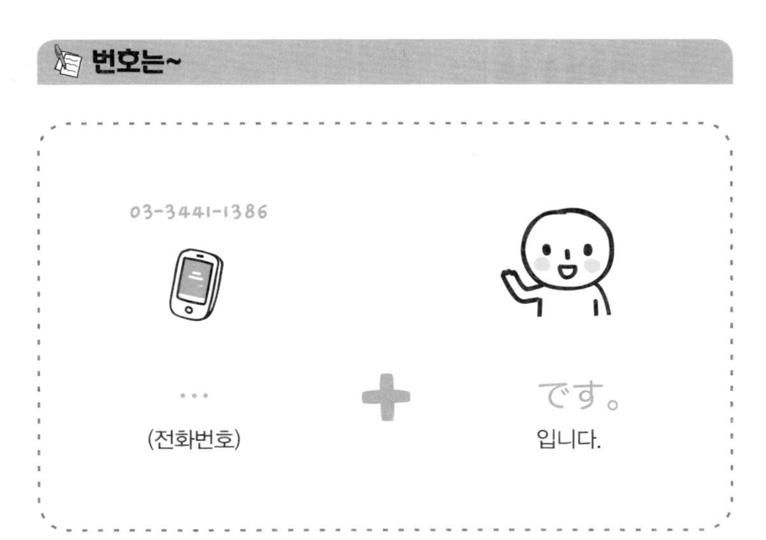

06-6576-5501です。

ゼロろくのろくごななろくのごごゼロいちです。

06–6576–5501이에요.

03-3379-5519です。

ゼロさんのさんさんななきゅうのごごいちきゅうです。

03–3379–5519예요.

54 여보세요

MP3 09-54

우리는 거의 매일 통화를 할 기회가 생깁니다. 그렇다면 전화를 걸 때나 받을 때 어떻게 말해야 하는지 배워 볼게요. 전화를 걸거나 받을 때 처음으로 하는 말은「もしもし」예요. 이 뜻은 '여보세요'입니다.

もしもし。
여보세요.

전화를 걸 때나 받을 때 자신이 '누구'인지 밝히는 게 먼저겠지요!

전화를 받았을 때

もしもし。
여보세요.

はい。 + … + でございます。

네. (이름/회사) ~입니다.

お待(ま)たせいたしました。 + … + でございます。

(늦게 받은 경우)
오래 기다리셨습니다. (이름/회사) ~입니다.

전화를 걸 때

いつもお世話(せわ)になっております。 + … + と申(もう)します。

늘 신세를 지고 있습니다. (자신의 이름) ~라고 합니다

もしもし、 + … + です。

여보세요 (자신의 이름) ~입니다.

Memo

いつもお世話(せわ)になっております。

늘 신세를 지고 있습니다.

윗사람에게 고마움을 표시하는 표현 중 하나입니다. 업무적으로 교류하거나 서로 도움을 주는 상황에서 모두 쓸 수 있는 말이에요. '항상 잘 보살펴 주셔서 감사합니다'라는 뜻을 가지고 있어요.

はい。ホンダでございます。

네. 혼다입니다.

はい。東京大学(とうきょうだいがく)でございます。

네. 도쿄대학입니다.

55 ~ 좀 찾아 주세요

MP3 09-55

누군가와 통화를 하고 싶거나 사람을 찾을 때 표현하는 방법은 매우 많습니다. 자주 쓰는 다른 표현들을 나누어 봤어요.

- ~님/씨와 이야기하고 싶습니다만. (예의 있는 표현)

… + 様(さま)/さん + とお話(はなし)したいのですが。
(사람 이름)

- ~님/씨 있습니까? (일반적인 표현)

… + 様(さま)/さん + はいますか？
(사람 이름)

- ~님/씨 계십니까? (업무적인 표현)

… + 様(さま)/さん + はいらっしゃいますか？
(사람 이름)

- ~님/씨 부탁드립니다. (업무적인 표현)

… + 様(さま)/さん + お願(ねが)いします。
(사람 이름)

「様(さま)」와 「さん」 모두 상대방의 이름 뒤에 붙이는 존칭 표현입니다. 하지만 「様(さま)」는 상대방을 훨씬 높여서 부르는 표현이라 우리말로는 '~님'에 가깝고, 「さん」은 '~씨'의 의미를 가지고 있어요.

赤崎様(あかさきさま)はいらっしゃいますか？

아카사키 님 계십니까?

武田様(たけださま)はいらっしゃいますか？

다케다 님 계십니까?

花子(はなこ)さんとお話(はなし)したいのですが。

하나코 씨와 이야기하고 싶습니다만.

柳沢(やなぎさわ)さんとお話(はなし)したいのですが。

야나기사와 씨랑 이야기하고 싶은데요.

美月(みづき)さんはいますか？

미즈키 씨 있습니까?

孝子(たかこ)さんはいますか？

다카코 씨 있습니까?

56 누구세요?

MP3 09-56

전화한 사람이 자신의 이름을 말하지 않았다면 조심스럽게 상대방에게 물어 볼 수 있어요. 「失礼(しつれい)ですが」로 시작하면 상대방에게 예의를 갖춘 상태로 물어 볼 수 있어요.

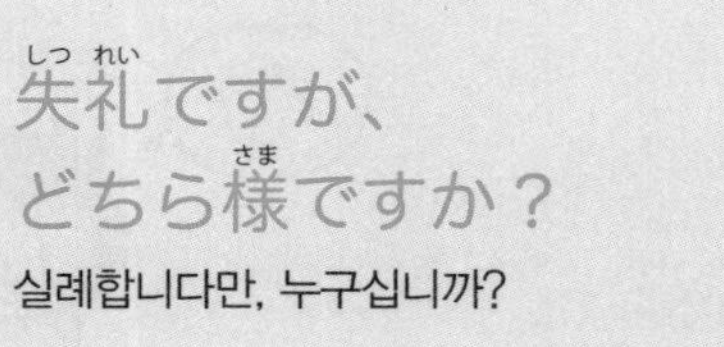

失礼(しつれい)ですが、
どちら様(さま)ですか？

실례합니다만, 누구십니까?

집에서 전화를 받는 상황처럼 편하게 말할 때도 있을 거예요. 그럴 때는 이렇게 말하면 됩니다.

どなたですか？

누구십니까?

57 저예요

MP3 09-57

이번에는 본인이 누구인지 말할 때를 알아 볼게요.

저는~에요

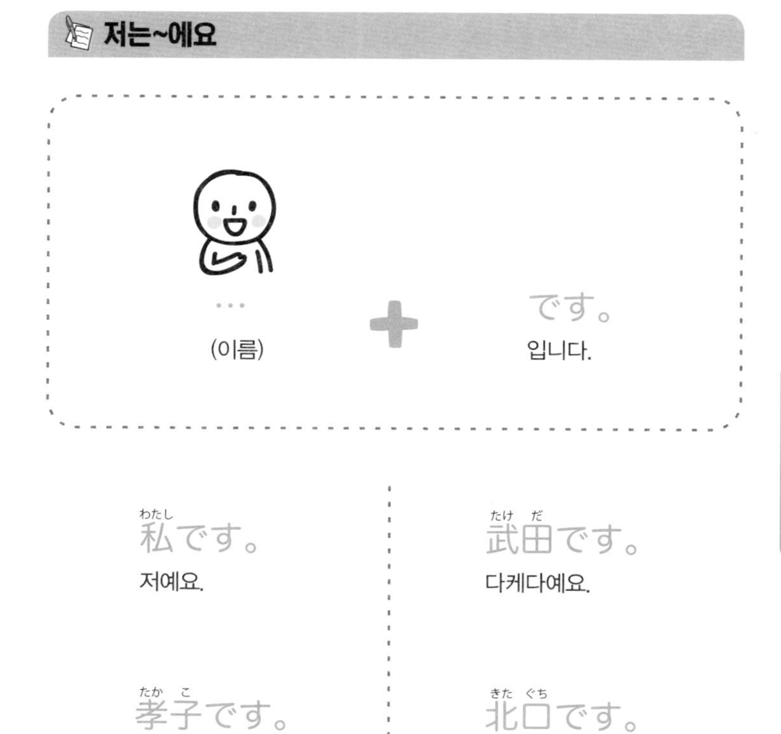

私(わたし)です。
저예요.

武田(たけだ)です。
다케다예요.

孝子(たかこ)です。
다카코예요.

北口(きたぐち)です。
기타구치예요.

이름을 말해도 충분하지 않아 조금 더 자세하게 본인에 대해 설명하고 싶다면 '저는 어디의 ~예요' 같이 말할 수 있어요. 더하고 싶은 정보를 이름 앞에 말하면 됩니다. 예를 들어 볼게요.

ホンダの中原(なかはら)と申(もう)します。

혼다의 나카하라라고 합니다.

経理(けいり)の大高(おおたか)です。

경리부의 오타카입니다.

営業部(えいぎょうぶ)の赤崎(あかさき)です。

영업부의 아카사키예요.

58 잠시만 기다리세요

MP3 09-58

전화를 바꿔줄 때 '잠시만 기다리세요'라고 하는데, 어떻게 말하는지 알아 볼게요.

少々(しょうしょう)お待(ま)ちください。

잠시만 기다려 주세요.

ちょっと待(ま)ってください。

잠시 기다려 주세요.

ちょっと待(ま)ってね。

잠시만 기다려.

59 없어요

▶ MP3 09-59

상대방이 찾는 사람이 없을 때는 이렇게 말하면 됩니다.

ただ今(いま)、外出(がいしゅつ)しております。

지금 외출 중이에요.

あいにく外出中(がいしゅつちゅう)ですが。

공교롭게도, 외출 중인데요.

いません。

(자리에) 없습니다.

MP3 09-60

60 회의 중이에요 (받을 수 없는 상황)

전화를 대신 받았는데 상대방이 찾는 사람이 지금 전화를 받을 수 없는 상황일 경우도 있습니다. 일본인들은 이런 상황에서 '전화를 받을 수 없다'고 직접적으로 말하지 않아요. 우선 사과를 하고 '회의 중'이라든지 '잠시 자리를 비웠다'든지 받을 수 없는 상황을 간접적으로 설명해요.

「ただ今(いま)」는 '현재, 지금'의 뜻을 가진 예의 있는 표현이에요.

그리고 일본어로 '회의'는 「ミーティング」라고도 하는데, 우리말에서 습관적으로 말하는 'meeting'과 같습니다. 하지만 일본어로 들었을 때는 비교적 공식적인 느낌이 있어요. '회의 중'은 「会議中(かいぎちゅう)」라고도 말할 수 있습니다.

申(もう)し訳(わけ)ございません。
高橋(たかはし)はただ今(いま)、会議中(かいぎちゅう)です。

죄송합니다. 다카하시는 지금 회의 중이에요.

申(もう)し訳(わけ)ありません。中原(なかはら)は今会議中(いまかいぎちゅう)です。

죄송합니다. 나카하라는 지금 회의 중이에요.

すみません、庄司(しょうじ)は会議中(かいぎちゅう)です。

죄송합니다만, 쇼지는 회의 중이에요.

Memo

일반적으로 자신과 관련된 사람을 언급할 때는 이름 뒤에 「さん」을 붙이지 않아요. 이들을 높이는 것처럼 보이기 때문이에요.

61 통화 중이에요

MP3 09-61

'통화 중'을 표현하는 말에도 여러 가지가 있어요.

(공식적이며 예의 있는 표현)

… + は + ただ今(いま)別(べつ)の電話(でんわ)に出(で)ております。

(사람 이름) 은/는 지금 다른 통화 중입니다.

(예의 있는 표현)

… + は + 電話中(でんわちゅう)です。

(사람 이름) 은/는 통화 중입니다.

申し訳ありません。
田中はただ今、別の電話に出ております。

죄송합니다. 다나카는 지금 다른 통화 중입니다.

すみません、木村は今、別の電話に出ています。

죄송합니다. 기무라는 지금 다른 통화 중입니다.

すみません、石丸は電話中です。

죄송합니다. 이시마루는 통화 중입니다.

전화를 받을 수 없는 이유

앞에서 말한 전화를 받을 수 없는 이유 이외에도 다른 이유 때문에 통화하지 못하는 경우가 있을 거예요. 자주 있는 일로 예를 들어 볼게요. MP3 09-62

今(いま)、席(せき)を外(はず)しています。

지금 자리를 비웠어요.

今(いま)、接客中(せっきゃくちゅう)です。

지금 손님을 만나는 중입니다.

Word

- 席(せき)を外(はず)す 자리를 비우다
- 接客(せっきゃく) 접객

PART 09 전화하기

今日(きょう)、休(やす)みを もらっています。

오늘 휴가 중입니다.

もう、帰(かえ)りました。

이미 퇴근했습니다.

Word · **休(やす)み** 휴가, 휴식 · **帰(かえ)る** 돌아가다, 돌아오다, 귀가하다

일본인들의 관습에 비추어 말하면 상대방이 없는 걸 알게 되면 바로 '어디 갔어요?'라고 묻지 않아요. 이때는 '보통 '메시지를 남겨 주시겠어요?', '다시 전화해 달라고 해 주시겠어요?', '다음에 다시 하겠습니다'와 같은 식으로 마무리를 합니다.

MP3 09-63

63 메시지 남기기

전화를 했을 때 상대방과 통화를 못했다면 대신 전화를 받은 사람에게 메시지를 남길 테니 그 사람에게 전해 달라고 이야기해 보세요.

伝言(でんごん)をお願(ねが)いしてもよろしいですか？

전언(메세지)을 부탁드려도 될까요?

伝言(でんごん)、お願(ねが)いできますか？

전언(메세지) 부탁드릴 수 있을까요?

伝言(でんごん)、お願(ねが)いします。

전언(메세지) 부탁드립니다.

64 메시지를 남겨 드릴까요?

반대로 전화를 받았을 때 먼저 나서서 상대방에게 메시지를 남길지 물어 볼 수도 있겠죠? 그럴 때는 이렇게 말해요. ▶ MP3 09-64

ご伝言(でんごん)はございますか？

전언(메시지) 있으십니까?

伝言(でんごん)を伺(うかが)いましょうか？

메시지를 남겨 드릴까요?
(예의 있는 표현)

伝言(でんごん)いたしましょうか？

전언(메시지) 있으세요?
(예의 있는 표현)

何(なに)か伝(つた)えておきましょうか？

뭔가 전할까요?

何(なに)か伝(つた)えとく？

뭐 전할래?

65 다시 전화해 달라고 해 주세요

전화를 했지만 상대방이 바쁘거나 자리에 없을 때 전화를 해 달라고 하고 싶다면 이렇게 말하면 됩니다.

MP3 09-65

出来(でき)るだけ早(はや)く折(お)り返(かえ)し電話(でんわ)を頂(いただ)けるように伝(つた)えていただけますか？

가능한 한 빨리 다시 전화해 달라고 전해 주실 수 있나요?

折(お)り返(かえ)し電話(でんわ)を下(くだ)さるよう、お伝(つた)え願(ねが)えますか？

다시 전화 주시도록 전해 주시길 부탁드립니다.

折り返しお電話いただきたいんですが。

다시 전화 주셨으면 합니다만.

折り返し電話をするよう伝えてください。

다시 전화 주시도록 전해 주세요.

折り返し電話をお願いします。

다시 전화 부탁드립니다.

66 전화했었다고 전해 주세요

따로 메시지를 남기지 않고 전화했다는 사실을 전해 달라고 말하고 싶을 때는 이렇게 말하면 됩니다.

MP3 09-66

私(わたし)から電話(でんわ)があったことを伝(つた)えて頂(いただ)けませんか？

제가 전화했었다고 전해주시겠습니까?

木村(きむら)から電話(でんわ)があったことを伝(つた)えてもらえませんか？

기무라가 전화했다고 전해주실 수 있나요?

電話(でんわ)があったことを伝(つた)えてください。

전화했다고 전해 주세요.

私(わたし)から電話(でんわ)があったことを伝(つた)えてください。

제가 전화했었다고 전해 주세요

武田(たけだ)から電話(でんわ)があったと伝(つた)えてください。

다케다가 전화했었다고 전해 주세요.

조금 이따가 다시 걸게요

메시지도 남기지 않고 조금 이따가 다시 전화를 걸 예정이라면 이렇게 말하면 됩니다.

MP3 09-67

またこちらからお電話(でんわ)させていただきます。

제가 다시 전화하겠습니다.

改(あらた)めてお電話(でんわ)致(いた)します。

다시 전화하겠습니다.

Word · **改(あらた)めて** 딴 기회에, 새삼스럽게

また後(あと)で電話(でんわ)します。

나중에 다시 걸겠습니다.

68 이름과 전화번호 물어 보기

전화를 받는 사람이 이름과 전화번호를 물어 보는 방법은 다음과 같습니다.

MP3 09-68

이름 물어 보기

お名前(なまえ)を伺(うかが)ってもよろしいですか？

성함을 여쭈어도 괜찮겠습니까?

お名前(なまえ)を頂(いただ)けますか？

성함이 어떻겠게 되세요?

失礼(しつれい)ですが、どちら様(さま)でしょうか？

실례합니다만, 누구신가요?

どちら様(さま)ですか？

누구십니까?

どなたですか？

누구입니까?

連絡先(れんらくさき)を伺(うかが)ってもよろしいですか？

연락처를 여쭤 봐도 괜찮겠습니까?

電話番号(でんわばんごう)を教(おし)えて頂(いただ)けますか？

전화번호를 알려 주시겠어요?

連絡先(れんらくさき)と電話番号(でんわばんごう)を教(おし)えてください。

연락처와 전화번호를 알려 주세요.

69 전화를 끊기 전

서로 이야기가 끝나면 전화를 끊겠다고 알리는 말들이 있습니다.

では、失礼(しつれい)いたします。

그럼, 실례하겠습니다.

じゃ、失礼(しつれい)します。

그럼, 실례하겠습니다.

일본인들은 보통 전화를 건 사람이 먼저 전화를 끊어요. 전화를 받은 사람은 건 사람이 확실하게 전화 끊은 걸 확인한 후에 전화를 끊습니다.

助(たす)けてもらいたいとき

도움이 필요할 때

70 나 좀 도와줄래요?

MP3 10-70

힘든 일이 생기면 일이 크든 작든 다른 사람의 도움이 필요할 때가 있습니다. 그럴 때는 이렇게 말하세요.

助(たす)けていただけますか？

助(たす)けてくれませんか？

일상생활 중에서 다른 사람의 도움이 필요할 때 상대방이 친한 친구라면 반말 표현으로 말할 수 있어요. 일본 드라마나 만화책에서 봤던 것처럼 말이죠.

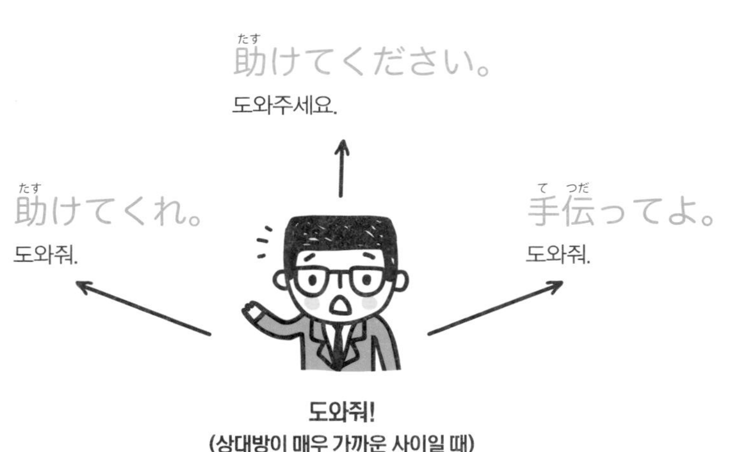

이밖에도 상대방에게 도움을 요청하는 방법이 있어요. 아래에 있는 세 가지 중에서 골라 사용해 보세요.

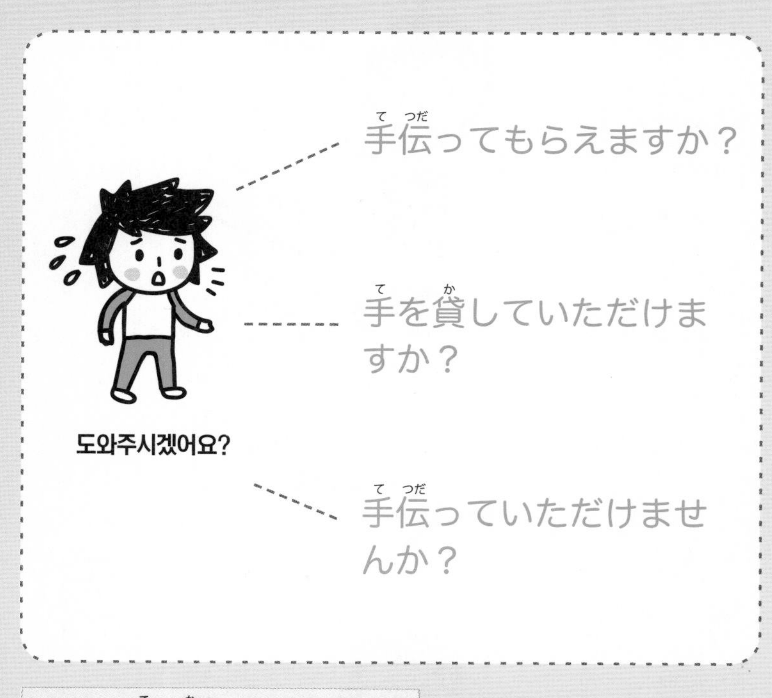

Word · 手を貸す 손을 빌려주다, 돕다

どうか私を手伝ってください。

제발 저를 도와주세요.

私が困ったときは助けてくださいね。

내가 힘들 때는 도와주세요.

ちょっとお願いしたいのですが。

잠시 부탁하고 싶은데요.

Word ・どうか 제발, 부디

71 용건 있으세요?

먼저 나서서 도움을 주고 싶을 때 말하는 방법은 매우 많아요. 장소와 상대방이 무슨 도움이 필요한지 잘 살펴서 이야기해 보세요. MP3 10-71

용건 있으세요? (상점이나 업무 중에 연락할 때)

ご用(よう)はありませんか？

ご用件(ようけん)を承(うけたまわ)りましょうか？

何(なに)かお探(さが)しですか？

뭐 찾으시나요?

무슨 일 있으세요?

이 말은 '도와줄 일이 있어요?'와 비슷한 상황에서 쓸 수 있어요.

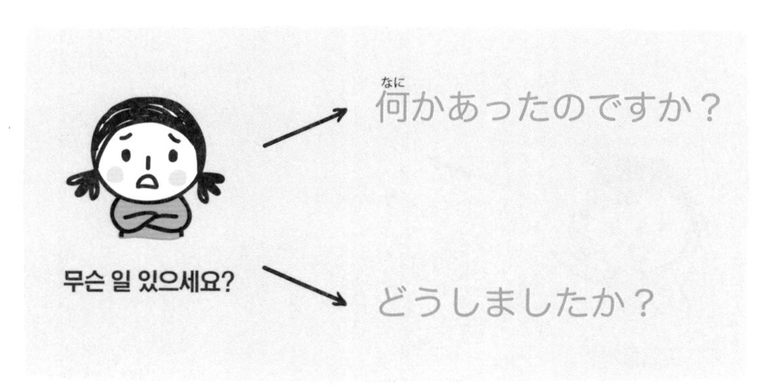

도와줄까요? (모든 상황에서)

何(なに)か手伝(てつだ)いましょうか？

何(なに)かお役(やく)に立(た)つでしょうか？

도와줄까?

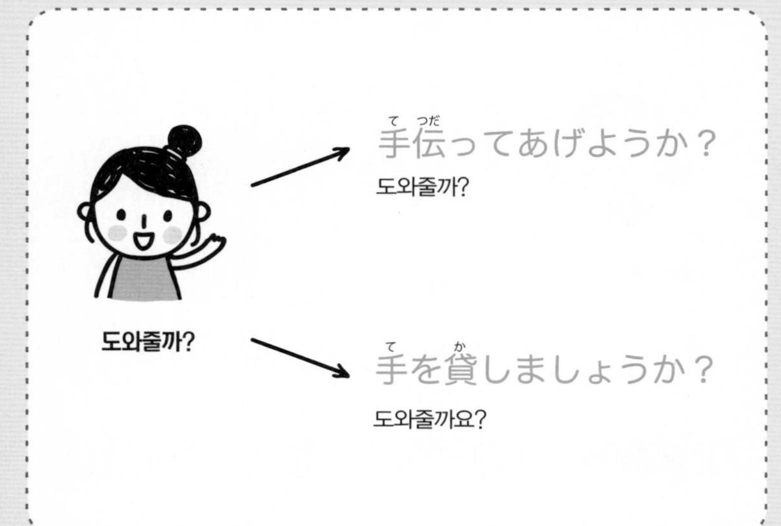

72 도움이 필요한지 묻기

MP3 10-72

먼저 나서서 도움이나 협조를 해 줄 때는 아래의 문장을 사용해 보세요.

도와줄까요?

… + を手伝(てつだ)いましょうか？

(도울 내용) 을 도와줄까요?

卒業論文(そつぎょうろんぶん)を手伝(てつだ)いましょうか？

졸업논문 도와줄까요?

~하는 것 도와줄까?

… ＋ の を 手伝(てつだ)いましょうか？

(동사) 것을 도와줄까요?

箱(はこ)を運(はこ)ぶのを手伝(てつだ)いましょうか？

상자 옮기는 것 도와줄까요?

Word ・箱(はこ) 상자 ・運(はこ)ぶ 옮기다

도와주시지 않겠습니까?

상대방에게 도움을 요청할 때 도움이 필요한 일을 알리고 싶다면 아래의 문장 형태를 사용하면 됩니다. 예의를 차려 도움을 요청해야 한다는 걸 잊지 마세요.

MP3 10-73

~하는 거 도와주지 않겠습니까?

… + を手伝(てつだ)ってくれませんか？
(동사) 을 도와주시겠어요?

部屋(へや)を片付(かたづ)けるのを手伝(てつだ)ってくれませんか？
방 정리를 도와주시겠어요?

… + のを手伝(てつだ)ってくれませんか？
(명사) 것을 도와주시겠어요?

私(わたし)の英語(えいご)の宿題(しゅくだい)を手伝(てつだ)ってくれませんか？
내 영어 숙제를 도와주시겠어요?

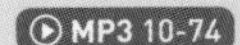

좀 도와주세요

간단하게 '~을 도와줘'라고 말하면서 예의를 지키는 표현이 있어요.

좀 도와주세요

… + を手伝(てつだ)ってください。

(명사) ~을 도와주세요.

引越(ひっこ)しを手伝(てつだ)ってください。

이사를 도와주세요.

~하는 것을 도와주세요

… ＋ のを手伝(てつだ)ってください。

(동사) ~것을 도와주세요.

家(いえ)を掃除(そうじ)するのを手伝(てつだ)ってください。

집 청소하는 것을 도와주세요.

MP3 10-75

~해 주실래요?

도움을 요청할 때 '~을 부탁해도 될까요?'라고 바로 말하는 경우도 있습니다. 무언가를 도와달라고 할 때 '도움' 두 글자를 쓰지 않아도 도움을 요청하는 의미를 표현할 수 있어요.

~해 주실래요?

동사 て + くれますか？

~해 주실래요?

日本語(にほんご)を教(おし)えてくれますか？

일본어를 가르쳐 주실래요?

Word · 教(おし)える 가르치다, 알려 주다

~해 주시지 않겠습니까?

동사 て ＋ もらえませんか？

~해 주실래요?

案内(あんない)してもらえませんか？

안내해 주시겠어요?

Word · 案内(あんない)する 안내하다

MP3 10-76

76 도와줄게요!

도움을 줄 때 반드시 의문문을 사용할 필요는 없어요. 특히 상대방이 굉장히 난감해하는 모습을 봤다면 먼저 나서서 '도와줄게요'라고 해 보세요.

何かあなたの役に立つことができれば、嬉しいです。

뭔가 당신을 도울 수 있으면 기쁠 거예요.

できる限り助力しましょう。

가능한 한 힘을 보탤게요.

できる限り手伝います。

가능한 한 돕겠습니다.

お役に立てれば幸いです。

도움이 될 수 있다면 좋겠습니다.

できる限りあなたを助けたいです。

가능한 한 당신을 돕고 싶어요.

できることなら、何でもお力になります。

할 수만 있다면 무엇이든 힘이 되겠습니다.

少しでもお役に立てれば嬉しいです。

조금이라도 도와줄 수 있다면 기쁠 거예요.

Word

- 幸い 다행, 행복
- 力になる 힘이 되다

상대방의 도움에 응하기

상대방이 먼저 도와주겠다고 한다면 이렇게 대답하면 됩니다. MP3 10-77

よろしくお願(ねが)いします。

잘 부탁드립니다.

その方(ほう)が助(たす)かります。

그 편이 도움이 될 거예요.

それは役(やく)に立(た)ちます。

그거 도움이 될 거예요.

非常(ひじょう)に楽(らく)になります。

상당히 편해지겠어요.

どうもありがとうございます。

정말 고마워요.

Word · 非常(ひじょう)に 상당히, 매우

78 도움 요청을 거절하기

MP3 10-78

만약 상황이 안 돼서 도와줄 수 없다면 이렇게 거절하도록 하세요.

도와줄 수가 없네요

あなたを助(たす)けられないです。

당신을 도울 수 없습니다.

お役(やく)に立(た)てないと思(おも)います。

도움이 되지 못할 것 같아요.

あなたを助(たす)けてあげられないです。

당신을 도울 수 없어요.

私(わたし)はあなたの助(たす)けになれないです。

나는 당신에게 도움이 될 수 없어요.

今(いま)はあなたを助(たす)けることはできません。

지금은 당신을 도울 수 없어요.

도움을 드리지 못해 죄송합니다

ご援助(えんじょ)できないのが残念(ざんねん)に存(ぞん)じます。

도움을 드릴 수 없어 유감스럽게 생각합니다.

あなたを助(たす)けられなくて残念(ざんねん)です。

당신을 도울 수 없어 유감입니다.

申(もう)し訳(わけ)ありませんが、お助(たす)けできません。

죄송하지만 도울 수 없습니다.

私(わたし)はあなたのお役(やく)に立(た)てず、すみません。

나는 당신에게 도움이 되지 못해 미안합니다.

Word

- 残念(ざんねん)だ 유감이다, 안타깝다
- 存(ぞん)じる(存(ぞん)ずる) 생각하다

도움 요청을 거절하는 이유

'도와줄 수 없는 이유'를 설명하고 싶다면 다음과 같이 말해 보세요.

…
(이유)

ので、あなたを手伝う(てつだ)ことができないです。

~해서 당신을 도울 수 없습니다.

私(わたし)はとても忙(いそが)しいので、あなたを手伝(てつだ)うことができないです。

저는 너무 바빠서 당신을 도와줄 수가 없어요.

Word 仕事 아주, 매우　　調子 바쁘다

私(わたし)は病気(びょうき)なので、あなたを手伝(てつだ)う
ことができないです。

나는 아파서 당신을 도와줄 수가 없어.

私(わたし)は予定(よてい)があるので、あなたを
手伝(てつだ)うことができないです。

나는 예정이 있어서 당신을 도와줄 수 없어.

Word ・予定(よてい) 예정

도와줘서 감사합니다

MP3 10-80

도움을 받아 고마움을 표현하고 싶다면 이렇게 말해 보세요.

도와줘서 감사합니다

ご援助(えんじょ)を感謝(かんしゃ)しています。
도움에 감사합니다.

ご助力(じょりょく)に感謝(かんしゃ)しています。
조력에 감사합니다.

手伝(てつだ)ってくれて、ありがとうございます。
도와주셔서 감사합니다.

おかげさまで、大変(たいへん)助(たす)かりました。
덕분에 대단히 도움이 되었습니다.

Word ・援助(えんじょ) 원조 ・大変(たいへん) 몹시, 대단히 ・おかげさまで 덕분에

큰 도움이 되었습니다

非常(ひじょう)に役(やく)に立(た)ちました。

대단히 도움이 되었습니다.

とても助(たす)かりました。

무척 도움이 되었습니다.

お忙(いそが)しいところ対応(たいおう)いただき、ありがとうございます。

바쁜 와중에도 대응해 주셔서 정말 감사합니다.

いつもありがとうございます。

항상 감사합니다.

お世話(せわ)になりました。

신세 졌습니다.

'덕분에, 정말 큰 도움이 됐어요'라고 말하고 싶을 땐 아래의 형태를 사용하면 됩니다. 정도를 높이고 싶다면 뒤에 「とても」 붙여 주면 됩니다.

~덕분에, 정말 큰 도움이 됐어요

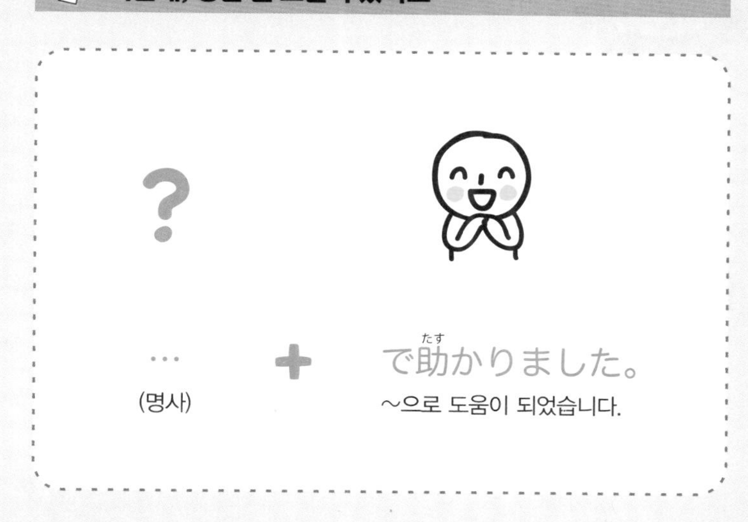

あなたたちのサポートでとても助(たす)かりました。

여러분들 지원으로 아주 도움이 됐어요.

あなたの協力(きょうりょく)でとても助(たす)かりました。

당신의 협조로 아주 도움이 됐어요.

あなたのアドバイスでとても助(たす)かりました。

당신의 조언으로 아주 도움이 됐어요.

Word ・サポート 지원, 서포트 ・アドバイス 조언, 충고, 어드바이스

PART 11

一緒に遊ぼう

함께 놀아요

81 시간 있어요?

대부분의 일본인들은 시간 약속에 철저합니다. 따라서 일본인을 초대하려면 미리 시간약속을 잡아야 합니다. 상대방을 초대할 때 첫마디는 보통 이렇게 시작할 거예요. '시간 있어요?'.

空(あ)いていますか？　　　暇(ひま)ですか？

山田(やまだ)さんは今日(きょう)、空(あ)いていますか？

야마다 씨는 오늘 시간 있어요?

由美子(ゆみこ)は今(いま)、暇(ひま)ですか？

유미코는 지금 시간 있어요(한가한가요)?

이미 생각해 둔 날짜와 시간이 있다면 시간 앞에 바로 넣을 수 있어요.

~에 시간 있어요?

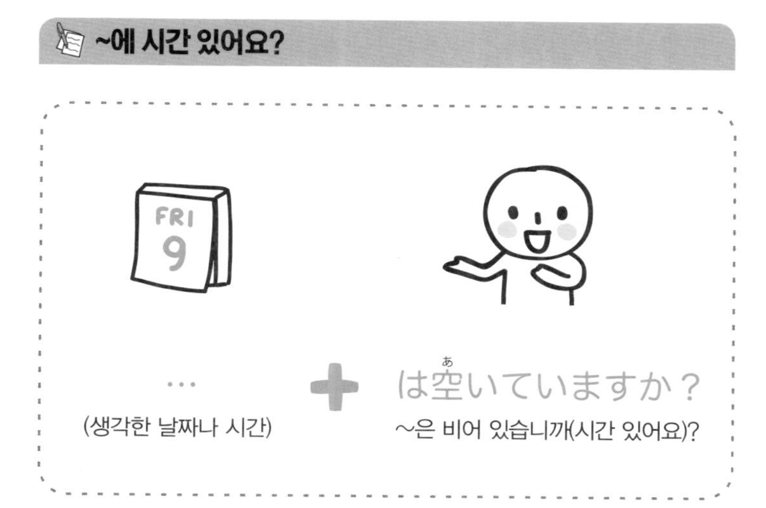

… + は空(あ)いていますか？

(생각한 날짜나 시간) ~은 비어 있습니까(시간 있어요)?

金曜日は空いていますか？

금요일은 비나요?

今夜は空いていますか？

오늘 밤은 비나요?

午後6時は空いていますか？

오후 6시는 비나요?

82 시간 없어요

MP3 11-82

정말로 시간 여유가 없거나 만나러 갈 생각이 없다면 직접적으로 거절하는 편이 나을 거예요. 그렇지 않으면 '도대체 가고 싶은 거야, 아니야'라고 생각할 수도 있기 때문이에요.

ちょっと
行(い)けませんね。

좀 못 갈 것 같아요.

最近(さいきん)、忙(いそが)しいので、
暇(ひま)がありません。

요즘 바빠서 여유가 없어요.

その日(ひ)は用事(ようじ)があります。

그날은 일이 있어요.

残念(ざんねん)ながら、先約(せんやく)があります。

안타깝지만 선약이 있어요.

お金(かね)がないので、どこにも行(い)きたくないです。

돈이 없어서 아무 데도 가고 싶지 않아요.

MP3 11-83

83 아마 시간이 있을 거예요

상대방의 초대에 응했지만 자신의 시간과 일정을 확인해 봐야 할 필요가 있다면 아래의 문장들처럼 말할 수 있어요. 이 표현들은 다소 모호해서 확실하게 갈 수 있는지, 없는지 알 수 없어요.

たぶん大丈夫(だいじょうぶ)です。

아마 괜찮을 거예요.

もう少(すこ)し考(かんが)えさせてください。

조금 더 생각해 볼게요,

84 물론이에요

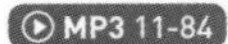

가고 싶거나 확실히 시간이 있는 경우라면 아래의 방법대로 상대방에게 알려 주세요.

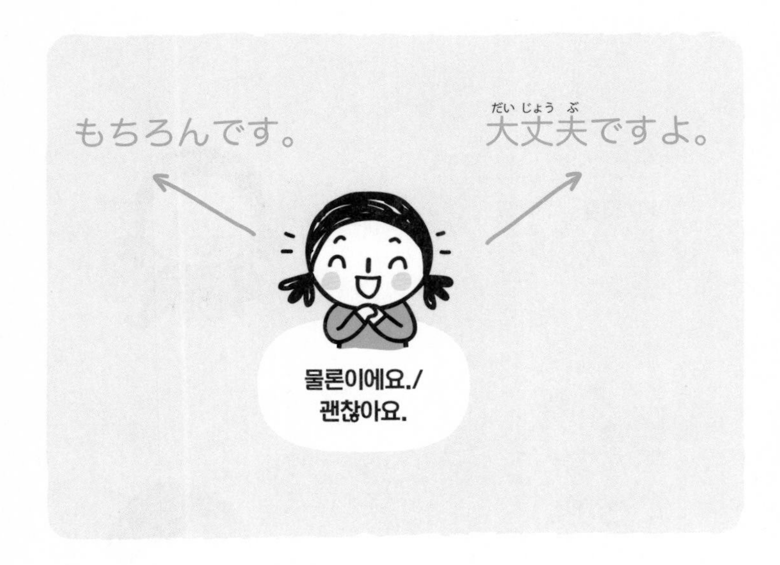

85 같이 해요

MP3 11-85

일본인들은 다양한 여가생활을 합니다. 백화점에서 쇼핑하는 것 이외에도 친구를 초대해서 함께 놀기도 하죠.

산책 가기

일본에는 산책할 수 있는 공간이 굉장히 많아요. 공원이든, 집 주변이든, 학교 주변이든 모두 다양한 식물들로 가득할 거예요. 산책길에는 차도 없고 많은 사람들이 아이들이나 애완동물을 데리고 나와서 산책을 하고 있을 거예요.

一緒(いっしょ)に散歩(さんぽ)しましょうか？

함께 산책하실래요?

식사하기

만약 함께 밥을 먹으러 가고 싶은 사람이 있다면 식사의 목적에 따라 다음과 같이 표현해 보세요.

一緒に夕飯を食べに行きませんか？

같이 저녁 먹으러 가지 않을래요?

私の家族とのランチに招待したいのですが。

우리 가족과 점심 식사에 초대하고 싶은데요.

ちょっと軽く食べましょう。

좀 가볍게 먹어요.

Word

- **一緒に** 함께, 같이
- **夕飯** 저녁 식사
- **ランチ** 런치, 점심 식사
- **招待する** 초대하다
- **軽い** 가볍다

차 / 커피 마시기

コーヒーでも飲(の)みに行(い)きませんか？

커피라도 마시러 가지 않겠습니까?

食後(しょくご)のお茶(ちゃ)でも飲(の)みにいかない？

식후 차라도 마시러 가지 않을래?

Word ·飲(の)む 마시다 ·食後(しょくご) 식후 ·お茶(ちゃ) 차

술 마시기 / 놀러 가기

今度(こんど)、一緒(いっしょ)に遊(あそ)びましょうね。

다음에 같이 놀아요!

遊(あそ)びましょう。

놀아요.

今夜(こんや)、のんびりしましょう。

오늘 밤 여유롭게 즐겨요.

86 초대에 응하기

MP3 11-86

상대방의 초대에 '좋다'고 응하는 방법에도 여러 가지가 있어요. 일본인들은 보통 직접적으로 대답하지 않고 간접적으로 표현하기 때문입니다. 그래서 때때로 '나랑 가고 싶은 게 맞아?'라고 생각해야 할 때가 있을 거예요.

行(い)きたいですね。
가고 싶어요.

いいですね。
좋네요.

楽(たの)しそうですね。
재미있겠네요.

面白(おもしろ)そうですね。
재밌을 것 같아요.

いい考(かんが)えですね。
좋은 생각이네요.

Word

- 面白(おもしろ)い 즐겁다, 재미있다
- 考(かんが)え 생각
- 楽(たの)しい 재미있다

MP3 11-87

87 거절하기

만약 거절하고 싶다면 상대방의 체면을 깎지 않도록 완곡하게 표현하세요.

たぶん、今回(こんかい)は行(い)けないかもしれません。

아마 이번에는 못 갈지도 모르겠어요.

行(い)きたいですけど、行(い)けません。

가고 싶지만 갈 수가 없어요.

行(い)けないと思(おも)います。

못 갈 것 같아요.

行(い)けません。

못 갑니다.

Word

・かもしれない
~일(할)지도 모른다

왜 못 가는지 이유를 함께 말해 준다면 좀 더 부드럽게 거절할 수 있어요.

行(い)きたいですけど、

가고 싶지만,

行(い)きたいですけど、留守番(るすばん)しなければなりません。

가고 싶지만, 집을 지켜야 합니다.

行(い)きたいですけど、仕事(しごと)しなければなりません。

가고 싶지만, 일해야 합니다.

Word

- **留守番(るすばん)** 다른 사람들이 부재 중일 때 집이나 사무실 등을 지키는 일 또는 사람
- **仕事(しごと)** 일, 업무

88 ~시에 ~에서 봐

MP3 11-88

결정이 끝났다면 '몇 시', '어디서' 만날 것인지 정해야겠죠? 일본어로 시간과 장소를 말할 때 서로 위치를 바꿀 수 있어요. 하지만 반드시 그에 맞은 조사를 사용해야 합니다.

~시에 ~에서 봐

新宿駅(しんじゅくえき)で10時(じゅうじ)に待(ま)ち合(あ)わせしましょう。

신주쿠역에서 10시에 만납시다.

会社(かいしゃ)で朝(あさ)8時(じ)に待(ま)ち合(あ)わせしましょう。

회사에서 아침 8시에 만납시다.

Word · **待(ま)ち合(あ)わせ** (때와 장소를 미리 정한) 약속 · **会社(かいしゃ)** 회사

약속 장소는 주로 유명한 공공장소일 거예요. 장소를 나타내는 단어에는 어떤 것들이 있는지 알아볼게요.

公園(こうえん)

공원

空港(くうこう) 공항	デパート 백화점	映画館(えいがかん) 영화관
喫茶店(きっさてん) 커피숍, 찻집	動物園(どうぶつえん) 동물원	学校(がっこう) 학교
お寺(てら) 절	バス停(てい) 버스 정류장	図書館(としょかん) 도서관

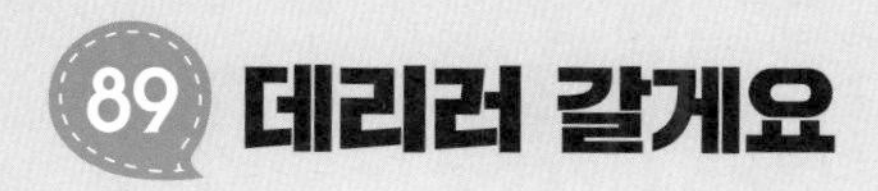

89 데리러 갈게요

MP3 11-89

일본인들은 주로 대중교통을 이용해요. 하지만 직접 차를 운전해서 간다면 '~시에 ~로 데리러 갈게요'라고 말할 수 있겠죠?

~시에 ~로 데리러 갈게요

午後3時(ごごさんじ)に家(いえ)に迎(むか)えに行(い)きます。

오후 3시에 집으로 데리러 갈게요.

午後6時(ごごろくじ)に会社(かいしゃ)に迎(むか)えに行(い)きます。

오후 6시에 회사로 데리러 갈게요.

90 약속 시간이나 장소 변경하기

일본인들은 시간에 대해 굉장히 엄격하기 때문에 보통 약속 시간 전에 미리 와 있을 거예요. 그렇기 때문에 시간을 바꾸려면 미리 알려 줘야 합니다. 약속 시간과 가까운 시간이라면 상대방은 이미 도착했을 겁니다.

MP3 11-90

時間(じかん)を変更(へんこう)できますか？
시간을 변경할 수 있을까요?

변경을 하게 되면 아마 상대방은 약속 시간을 바꾸는 것인지 아니면 장소를 바꾸는 것인지 물어볼 거예요.

何時(なんじ)に変更(へんこう)しますか？
몇 시로 바꾸나요?

どこに変更(へんこう)しますか？
어디로 바꾸나요?

~로 바꾸고 싶어요(시간)

11時に変更したいと思います。

11시로 바꾸고 싶어요.

午後4時に変更したいと思います。

오후 4시로 바꾸고 싶어요.

場所を変更できますか？

장소를 바꿀 수 있나요?

~로 바꾸고 싶어요(장소)

公園(こうえん)に変更(へんこう)したいと思(おも)います。

공원으로 바꾸고 싶어요.

美術館(びじゅつかん)に変更(へんこう)したいと思(おも)います。

미술관으로 바꾸고 싶어요.

같이 영화 보러 갈래요?

영화를 보러 가기 전에 먼저 상대방에게 '이 영화 봤어?'라고 물어보는 것도 센스 있는 말일 거예요.

MP3 11-91

この映画(えいが)を見(み)ましたか？

이 영화 봤어요?

~봤어요?

… + を + 見(み)ましたか？

(영화 이름) 을/를 봤어요?

スパイダーマンを
見ましたか？

스파이더맨 봤어요?

ハリー・ポッターを
見ましたか？

해리 포터 봤어요?

만약 이미 봤다면 이렇게 대답할 수 있어요.

見ましたよ。

봤어요.

昨日見たばかりです。

어제 막 봤어요.

만약 보지 않았다면 이렇게 대답할 수 있어요.

まだ見(み)ていないです。

아직 못 봤어요.

같이 영화 보러 갈래요?

상대방에게 영화를 보러 가자고 초대하는 말은 다른 일을 하러 가자고 초대할 때와 같습니다.

一緒(いっしょ)に映画(えいが)を見(み)に行(い)きましょうか？

같이 영화 보러 갈래요?

映画(えいが)に行(い)きましょう。

영화 보러 가요.

映画(えいが)を見(み)に行(い)かない？

영화 보러 안 갈래?

보고 싶다면 이렇게 말할 수 있을 거예요.

面白(おもしろ)そうですね。

재미있을 것 같네요.

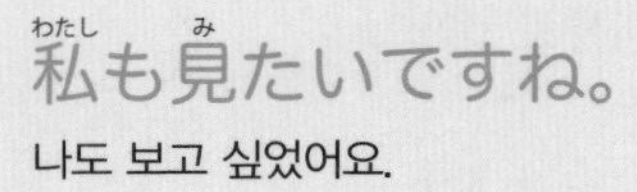

私(わたし)も見(み)たいですね。

나도 보고 싶었어요.

만약 거절할 경우 이렇게 말하면 됩니다.

詰(つ)まらなさそうです。

재미없을 것 같네요.

その映画(えいが)はあまり好(す)きじゃないです。

그 영화는 별로 좋아하지 않아요.

92 같이 갈래요?

MP3 11-92

함께 갈 사람을 찾고 있다면 여러 가지 방법으로 물어볼 수 있을 거예요. 아래는 예의의 정도나 상대방과의 친밀도를 고려해서 바꿔서 쓸 수 있어요.

買(か)い物(もの)、一緒(いっしょ)に行(い)きませんか？

같이 쇼핑하러 가지 않을래요?

一緒(いっしょ)に買(か)い物(もの)に行(い)きましょうか？

함께 쇼핑하러 갈래요?

買(か)い物(もの)する時間(じかん)がありますか？

쇼핑할 시간 있어요?

買い物に行きましょう。

쇼핑하러 가요.

少し買い物に行きましょうか？

잠시 쇼핑하러 갈래요?

今週末、買い物に行きましょう。

이번 주말에 쇼핑하러 가요.

買(か)い物(もの)

쇼핑

도와드릴 일이 있나요?

일본인들은 백화점이든 작은 상점이든 어디서나 서비스 품질을 굉장히 중시해요.

MP3 12-93

何(なに)かご用(よう)ですか?

무슨 일 있으신가요?

何(なに)をお探(さが)しですか？

무엇을 찾으세요?

何(なに)か手伝(てつだ)いましょうか？

뭐 도와드릴까요?

94 우선 좀 볼게요

▶ MP3 12-94

구매를 결정하지 않았거나 마음에 드는 물건을 아직 찾지 못해 구경을 하고 싶다면 이렇게 말하면 됩니다.

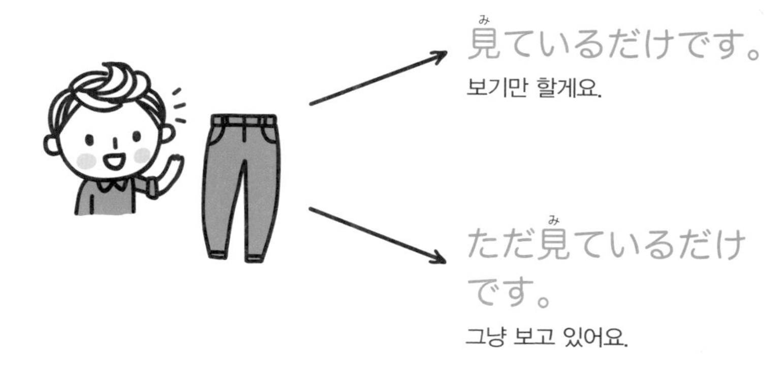

見(み)ているだけです。

보기만 할게요.

ただ見(み)ているだけです。

그냥 보고 있어요.

그러면 이렇게 말할 것입니다.

そうですね。

그러신가요?

はい。

네.

お願(ねが)いします。

부탁드립니다.

이것 좀 보여 주세요

보거나 입어 보고 싶은 물건이 있다면 아래의 단어들을 사용하면 됩니다. 점원에게 '(상품) 있어요?'라고 간단하게 물어보는 방법도 있습니다.

ハンカチ

손수건

サングラス

선글라스

めがね

안경

かばん

가방

靴(くつ)

구두, 신발

靴下(くつした)

양말

財布(さいふ)

지갑

化粧品(けしょうひん)

화장품

電気製品(でんきせいひん)

가전제품

本(ほん)

책

文房具(ぶんぼうぐ)

문구

縫(ぬ)いぐるみ

봉제인형

食品(しょくひん)

식품

衣類(いるい)

의류

香水(こうすい)

향수

キッチン用品(ようひん)

주방용품

アクセサリー

액세서리

お菓子(かし)

과자

おもちゃ

장난감

コンピューター

컴퓨터

カメラ

카메라

~ 좀 보여 주세요

?

… ＋ を見(み)せてください。

(보고 싶은 물건) 을 보여 주세요.

~있나요?

?

… ＋ はありますか？

(보고 싶은 물건) 은 있나요?

ハイヒールを見せてください。

하이힐을 보여 주세요.

テニスラケットはありますか？

테니스 라켓은 있나요?

96 입어 봐도 될까요?

이리저리 살펴보다가 마음에 들어 입어 보거나 써 보고 싶다면 이렇게 말합니다.

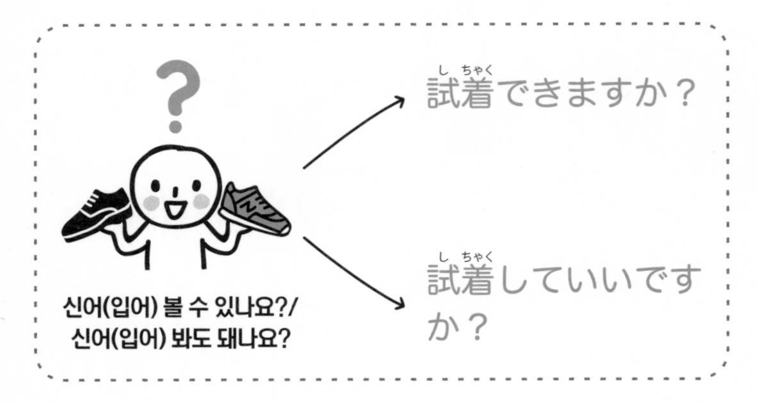

그러면 점원이 그 상품을 입어 볼 수 있는지 없는지 알려 줄 거예요.

はい、どうぞ。

네, 입어(신어) 보세요.

申(もう)し訳(わけ)ないです。
試着(しちゃく)できないですが。

죄송합니다. 입어(신어) 볼 수 없는데요.

97 사이즈

입어 보고 나서 사이즈가 안 맞아 이상해 보인다면 이렇게 말합니다.

小(ちい)さすぎます。
너무 작아요.

大(おお)きすぎます。
너무 커요.

長(なが)すぎます。
너무 길어요.

短(みじか)すぎます。
너무 짧아요.

緩(ゆる)すぎます。
너무 헐렁해요.

きつすぎます。
너무 꽉 껴요.

입어 보니 바로 딱! 이거라는 생각이 들었나요? 바로 사서 집으로 가져가고 싶다면 이렇게 말해 봐요.

私(わたし)に似合(にあ)います。

저에게 어울려요.

반대로 입어 보니 어울리지 않고 별로라는 생각이 들면 이렇게 말해요.

私(わたし)に似合(にあ)いません。

저에게 안 어울려요.

다른 사이즈가 있나요?

MP3 12-98

더 크거나 작은 사이즈가 필요하다면 이렇게 말합니다.

もっと大(おお)きいサイズはありますか？

더 큰 사이즈 있나요?

もっと小(ちい)さいサイズはありますか？

더 작은 사이즈 있나요?

만약 다른 색깔을 원한다면 이렇게 말합니다.

違(ちが)う色(いろ)を持(も)っていますか？

다른 색은 있나요?

사이즈

일본도 우리와 비슷하게 사이즈를 나타내요. XS부터 XXL까지로, 한국과 같아요. 그런데 신발은 조금 다를 수 있어요. 발 사이즈가 큰 편인 여자들은 일본에서 마음에 드는 신발을 찾기 조금 힘들 수 있어요. 일본의 신발 사이즈는 22부터 시작하는데, 우리나라의 220과 비슷해요.

XS エックスエス	S エス	M エム
L エル	XL エックスエル	XXL ダブル エックスエル

~사이즈는 있나요?

このエムサイズはありますか？

이 M 사이즈는 있나요?

このエックスエルサイズはありますか？

이 XL 사이즈는 있나요?

99 다른 색은 있나요?

MP3 12-99

일본인들은 색의 조합을 잘 활용하기로 유명합니다. 색을 나타내는 말에는 어떤 것들이 있는지 알아 볼게요.

~색 있어요?

この青(あお)はありますか？

이거 파란색 있어요?

この白(しろ)はありますか？

이거 흰색 있어요?

100 잘 어울려요?

MP3 12-100

점원에게 '예뻐요?' '어울려요?' '괜찮아요?' 같은 질문을 했을 때 대부분의 일본인 점원은 고른 물건이 잘 어울리는지 답을 해 줄 거예요. 질문을 할 때는 이렇게 해 보세요.

どうですか？
어떻나요?

どう思(おも)いますか？
어떤 것 같아요?

私(わたし)に似合(にあ)いますか？
저에게 잘 어울리나요?

どちらがいいと思(おも)いますか？
어떤 게 좋을까요?

친구와 함께 쇼핑하다가 친구에게 의견을 주고 싶다면 이렇게 말해 보세요.

他(ほか)のデザインのほうがよくないですか。

다른 디자인이 좋지 않겠어요?

君(きみ)によく合(あ)っているよ。

너에게 잘 맞아.

よく似合(にあ)います。

잘 어울려요.

いいじゃないですか？

괜찮은데요.

君(きみ)にぴったりだよ。

너에게 딱이야.

MP3 12-101

101 일단 좀 볼게요

살지 안 살지 아직 결정하지 않았다면 예의를 갖춰 거절해 보세요. 나중에 마음이 바껴서 사게 될 때도 쑥스럽지 않게 말이에요!

考(かんが)えさせてください。

생각해 볼게요.

もう少(すこ)し他(ほか)のも見(み)ます。

좀 더 다른 것도 볼게요.

ちょっと考(かんが)えます。

생각 좀 할게요.

すみませんけど、またにします。

죄송하지만, 다음에 올게요.

102 얼마예요?

▶ MP3 12-102

계산을 하려면 바로 이렇게 말하면 됩니다.

いくらですか?

얼마예요?

これはいくらですか？

이건 얼마인가요?

全部(ぜんぶ)でいくらですか？

전부 해서 얼마예요?

どのくらいかかるんですか？

얼마 정도 드나요?

MP3 12-103

조금 싸게 할 수 있나요?

일반적으로 일본에서는 가격 흥정을 하지 않습니다. 정찰제를 하고 있기 때문이에요. 이번에는 쇼핑할 때 가격과 관련된 단어들을 알아볼게요.

見切り安売り (みき やすう)

정리 세일

閉店セール (へいてん)

폐점 세일

大売出し (おおうりだ)

바겐세일

前期特売 (ぜんきとくばい)

전기 특별 세일

계절성 판촉 활동

일본에서는 소비를 촉진하기 위해 계절성으로 하는 판매 이벤트를 자주 합니다. 그래서 매번 중요한 계절이 오면 이벤트 세일을 하는 모습을 쉽게 볼 수 있어요. 예를 들어 볼게요.

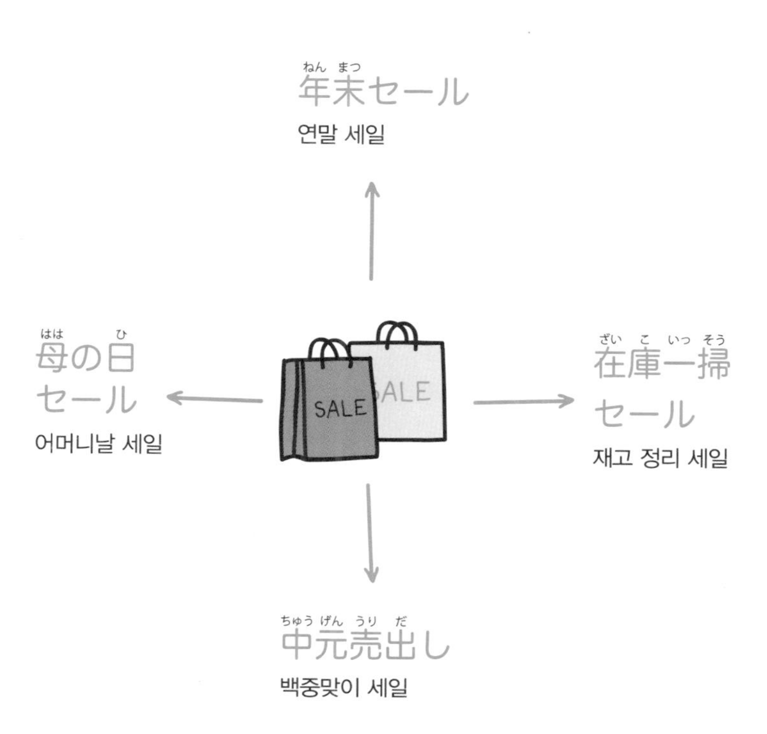

일본에서는 가격 흥정을 거의 하지 않아요. 따라서 점원에게 가격을 흥정할 수 있는지 물어본다면 당황할 수 있어요. 하지만 굳이 시도해 보고 싶다면 이렇게 말해 보세요.

値引きしてくれませんか？

깎아 줄 수 있나요?

もう少し安くなりませんか？

조금 더 싸게 되나요?

ちょっと値段を安くしていただけますか？

가격을 조금 싸게 해 주실 수 있나요?

104 증정품

MP3 12-104

증정품을 요청하고 싶다면 이렇게 말해 보세요

おまけありますか？

증정품 있나요?

おまけが付(つ)きますか？

증정품이 붙나요?

구매를 결정했을 때

어떤 것으로 구매할지 결정했다면 아래에서 적절한 말을 사용해 보세요!

じゃ、それで。
그럼, 그것으로.

これにします。
이것으로 할게요.

じゃ、これをお願(ねが)いします。
그럼, 이걸로 부탁해요.

大(おお)きいほうをください。
큰 것을 주세요.

小(ちい)さいほうをお願(ねが)いします。
작은 것으로 부탁해요.

MP3 12-106

106 카드로 계산할 수 있나요?

일본에서 카드로 계산한다면 일시불로 할지 할부로 할지 정해야 하는 경우가 생길 거예요. 뿐만 아니라 카드의 비밀번호를 입력해야 할 수도 있어요.

カードでいいですか？

카드로 해도 되죠?

カードでお願(ねが)いします。

카드로 부탁할게요.

Memo

할부는 「分割(ぶんかつ)」, 일시불은 「一括(いっかつ)」라고 해요.

107 교환할 수 있나요?

MP3 12-107

물건을 구매한 후에 환불하고 싶거나 사이즈를 교환하고 싶을 때, 혹은 계산하기 전에 혹시 몰라서 물어 보고 싶을 때 주로 이 두 가지 말로 표현해요.

108 포장해 주세요

MP3 12-108

일본의 선물포장 서비스는 정말 굉장해요. 포장 기술이 대단할 뿐만 아니라 포장 재료를 굉장히 잘 절약해서 사용합니다. 게다가 무료로 포장 서비스를 제공합니다. 무료지만 굉장히 예쁘게 포장해 줘요.

贈(おく)り物(もの)お願(ねが)いします。

선물 포장 부탁드립니다.

包(つつ)んでもらえますか？

포장해 주실 수 있나요?

包装(ほうそう)してください。

포장해 주세요.

쇼핑백은 필요 없어요

쇼핑백이 필요 없거나 이미 들고 있는 게 있다면 점원에게 '쇼핑백은 필요 없어요'라고 말할 수 있겠죠? 일본에서는 쇼핑백을 줄 때 그 안에 물건을 넣어서 주는 경우가 많아요. 대부분의 일본 점원들은 보는 사람이 놀랄 정도로 효율적으로 공간을 잘 활용해서 쇼핑백에 물건을 넣어 줍니다.

ふくろ　けっこう
袋、結構です。
봉투(쇼핑백)는 필요 없습니다.

ぶくろ　けっこう
ビニール袋、結構です。
비닐 봉지는 필요 없어요.

食(た)べ物(もの)を注文(ちゅうもん)する

음식 주문하기

MP3 13-110

110 자리 예약하기

유명한 식당에서 식사할 계획이 있다면 우선 자리 예약을 하는 편이 좋을 거예요. 그렇지 않다면 꼭 먹어 봐야 하는 음식을 구경도 못하게 될 수도 있기 때문입니다. 그렇다면 너무 아쉽지 않겠어요?

予約(よやく)をお願(ねが)いしたいのですが。

예약을 하고 싶은데요.

점원은 아마 예약 시간, 인원, 이름과 연락처 등의 정보를 물어볼 거예요.

いつがよろしいでしょうか？

언제가 좋으십니까?

何名様(なんめいさま)でしょうか？

몇 분이신가요?

それでは、お名前(なまえ)とお電話番号(でんわばんごう)をお願(ねが)い致(いた)します。

그러면, 성함과 전화 번호를 부탁드립니다.

~을 예약하고 싶어요

MP3 13-111

예약을 할 때 상대방에게 먼저 언제 예약하고 싶은지 말할 수 있습니다. 예를 들어 볼게요.

朝食(ちょうしょく) + の予約(よやく)をお願(ねが)いします。
아침 식사 예약을 부탁드립니다.

昼(ひる)ご飯(はん) + の予約(よやく)をお願(ねが)いします。
점심 식사 예약을 부탁드립니다.

ディナー + の予約(よやく)をお願(ねが)いします。
저녁 식사 예약을 부탁드립니다.

朝食(ちょうしょく)の予約(よやく)をお願(ねが)いします。

아침 식사 예약을 부탁드립니다.

昼(ひる)ご飯(はん)の予約(よやく)をお願(ねが)いします。

점심 식사 예약을 부탁드립니다.

112 ~명 예약하고 싶어요

먼저 자세한 정보를 말해 주면 점원이 계속해서 질문할 필요가 없겠죠? 어떠한 식사 자리에 몇 명을 예약하고 싶은지 먼저 말하고 싶다면 이렇게 표현하면 됩니다.

朝食、10名ですが、予約をお願いします。

아침 식사, 열 명인데요, 예약을 부탁드립니다.

昼ご飯、2名ですが、予約をお願いします。

점심 식사, 두 명인데요, 예약을 부탁드립니다.

Memo

자리를 예약할 때 사람 수를 세는 단위는 「人」이 아니라 「名」예요.

113 예약하셨나요?

식당에 도착하면 점원이 '예약하셨나요?'라고 물어볼 것입니다.

予約(よやく)されていますか？
예약하셨나요?

만약 이미 예약을 했다면 '예약했어요', 하지 않았다면 '안 했어요'라고 말하면 됩니다.

はい、予約(よやく)しました。
네, 예약했어요.

予約(よやく)していません。
예약 안 했어요.

114 메뉴 좀 주세요

MP3 13-114

대부분의 일본 식당은 문 앞에 음식 모형이 있어요. 식당에 반드시 있어야 하는 것 중 하나라고 생각하기 때문입니다. 음식 모형은 일본어를 모르는 외국인 관광객들에게 큰 도움이 돼요. 메뉴판을 봐도 무슨 말인지 모르겠다면 점원과 함께 문 앞에 서서 먹고 싶은 음식을 주문하면 됩니다.

메뉴판 좀 주세요

첫 번째로 메뉴판에 먹고 싶은 게 있는지 살펴 보세요.

メニューをお願(ねが)いします。
메뉴판 부탁드립니다.

メニューをください。
메뉴판 주세요.

무엇을 주문하시겠어요?

점원은 이제 이렇게 물어볼 거예요.

ご注文(ちゅうもん)はお決(き)まりですか？

주문 정하셨습니까?

何(なに)になさいますか？

무엇으로 하시겠어요?

Word

- 決(き)まり 정함, 결정함
- なさる 하시다

추천해 주실 만한 게 있나요?

어떤 식당은 같은 음식이라도 이름을 다르게 부를 때가 있어요. 혹은 일일 스페셜 메뉴가 있을 수도 있겠죠? 그렇다면 점원에게 어떤 게 맛이 괜찮은지 혹은 추천해 줄 만한 게 있는지 물어 보세요.

人気(にんき)があるメニューは何(なん)ですか？

인기가 있는 메뉴는 뭔가요?

お勧(すす)めは何(なん)ですか？

추천하는 음식은 뭔가요?

Word · 人気(にんき) 인기 · お勧(すす)め 추천

115 음식 주문하기

ⓟ MP3 13-115

메뉴판을 다 봤다면 이제 주문을 해 볼까요.

~로 할게요

… (주문하고 싶은 음식) + をください。 ~을/를 주세요.

… (주문하고 싶은 음식) + をお願(ねが)いします。 ~을/를 부탁드립니다.

… (주문하고 싶은 음식) + にします。 ~로 할게요.

マグロの刺身(さしみ)をください。

참치회를 주세요.

味噌(みそ)ラーメンをお願(ねが)いします。

된장라면을 부탁드려요.

お握(にぎ)りにします。

주먹밥으로 할게요.

Word · 味噌(みそ) 일본식 된장

116 더 주세요

▶ MP3 13-116

주문한 음식이 양이 너무 적을 것 같거나 많이 먹고 싶다면 아래의 문장들로 더 주문할 수 있어요.

大盛(おおもり)でお願(ねが)いします。

곱빼기로 부탁드려요.

ご飯(はん)は大盛(おおも)りでお願(ねが)いします。

밥은 곱빼기로 부탁드려요.

한 그릇이나 1인분을 더 주문하고 싶다면 이렇게 말해 보세요.

Word · 大盛(おおもり) 수북하게 담음, 곱빼기

~더 주실 수 있나요?

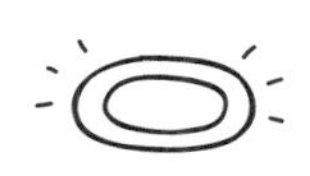

… (음식/음료) + をお代わりしてもいいですか？

~을/를 리필해도 되나요?

… (음식/음료)  をお代わりをください。

~을/를 리필해 주세요.

スープをお代わりしてもいいですか？

수프를 리필해도 되나요?

お代わりをください。

리필해 주세요.

Word · お代わり 같은 음식을 다시 더 먹음, 리필

MP3 13-117

맛

이번에는 음식의 맛을 나타내는 일본어에는 어떤 것들이 있는지 알아 볼까요?

甘(あま)い

달다

辛(から)い

맵다

酸(す)っぱい

시다

塩辛(しおから)い

짜다

脂(あぶら)っこい

기름지다

苦(にが)い

쓰다

おいしい/うまい

맛있다

まずい

맛없다

味(あじ)のない

맛이 없는

음식이 너무~ 해요

앞에서 배웠던 「すぎる」를 아직 기억하나요? 이 말은 '너무~ 하다'의 뜻을 가지고 있습니다. 이 단어를 쓰는 방법은 모두 같아요.

… + すぎます。

(맛) (어미 い를 없애고) 너무 ~합니다.

辛(から)すぎます。
너무 매워요.

甘(あま)すぎます。
너무 달아요.

酸(す)っぱすぎます。
너무 셔요.

MP3 13-118

118 맛있다

주문한 음식에 매우 만족해서 '맛있다'고 하고 싶다면 이렇게 말하세요.

とてもおいしい。

정말 맛있다.

超(ちょう)おいしい。

끝내주게 맛있다.

119 맛없다

어쩌다 맛이 없는 식당에 가게 됐다면 운이 안 좋다고 밖에 할 수 없겠지요. 그래도 일본어로 음식 맛에 대한 불만을 표현하고 싶을 거예요. 그럴 때는 이렇게 말하면 됩니다.

とてもまずい。

정말 맛없다.

吐(は)くほどまずい。

토할 정도로 맛없어.

まずいから
捨(す)てちゃう。

맛없으니 버릴래.

120 빼 주세요

ⓟ MP3 13-120

점원에게 주문한 음식에 특정 음식 재료를 넣지 말아 달라고 말하고 싶을 때는 이렇게 하세요.

빼고 부탁드립니다

… + 抜(ぬ)きでお願(ねが)いします。

(넣고 싶지 않은 재료) 빼고 부탁드려요.

~을 빼 주세요

… + 抜(ぬ)きしてください。

(넣고 싶지 않은 재료) 빼고 주세요.

玉ねぎ抜きでお願いします。
양파는 빼고 부탁드려요.

もやし抜きしてください。
콩나물은 빼고 주세요.

きゅうり抜きでお願いします。
오이는 빼고 부탁드려요.

121 ~을 안 먹어요

점원에게 음식을 추천해 달라고 할 때 만약 특별히 안 먹는 음식이 있다면 먼저 말해 주면 좋겠죠! '저는 소고기를 먹지 않아요'처럼 말이에요.

~을 안 먹어요

… (안 먹는 음식) + 食(た)べません。/ 食(た)べないです。

안 먹어요.

… (안 먹는 음식) + 食(た)べられません。/ 食(た)べられないです。

못 먹어요.

肉(にく)を食(た)べないです。

고기를 먹지 않아요.

甘(あま)いものを食(た)べません。

단것을 안 먹어요.

다이어트 중이거나 채식을 하고 있다면 함께 밥을 먹는 친구나 점원에게 이렇게 말하세요.

今(いま)、ダイエット中(ちゅう)なんです。

지금 다이어트 중이에요.

私(わたし)は菜食主義者(さいしょくしゅぎしゃ)です。

저는 채식주의자예요.

~에 알레르기가 있어요

특정 음식을 먹었을 때 뾰루지가 나거나 온몸이 가렵거나 붓고 심지어 호흡이 곤란하게 된다면 그 음식에 알레르기가 있다는 거예요. 특별히 조심해야 되기 때문에 자신이 어떤 음식에 알레르기가 있는지 잘 알고 있어야 하고, 먹지 않아야 해요. 일본어로는 이렇게 표현해요.

MP3 13-122

… + アレルギーなんです。

(알레르기가 있는 재료) 알레르기예요.

豆(まめ)アレルギーなんです。

콩 알레르기가 있어요.

シーフードアレルギーなんです

해산물 알레르기가 있어요.

123 주문한 음식에 문제가 있을 때

주문한 음식이 아무리 기다려도 나오지 않거나 다른 음식이 나왔다면 점원에게 뭐라고 말해야 할까요? 일본인들은 이때 직접적으로 문제를 말하기보다는 간접적으로 말합니다.

MP3 13-123

저는 ~을 주문했는데요…

すみません。 + … + 頼(たの)んだのですが。

여기요. (음식) 부탁했는데요.

すみません。やきそばを頼(たの)んだのですが。

여기요. 야키소바를 부탁했는데요.

Word

· **やきそば** 중화면에 양배추, 숙주, 양파 등의 채소와 육류를 함께 넣어 볶아 양념해서 만든 국수 요리

どのくらいかかりますか？

얼마나 걸리나요?

これを注文(ちゅうもん)していないです。

이거 주문 안 했는데요.

すみません。これを頼(たの)んでいませんが。

여기요. 이걸 부탁하지 않았는데요.

すみません。食(た)べ物(もの)がまだ来(き)ていませんが。

여기요. 음식이 아직 안 나왔는데요.

124 내가 살게

MP3 13-124

혹시 알고 있나요? 일본인들은 만나서 식사를 할 때 밥만 먹고 바로 집으로 가지 않아요. 보통 2~3차까지 간 후 지하철이 끊기기 전에 각자의 집으로 갈 거예요. 만약 마음껏 즐긴다면 날이 밝을 때까지 먹는 경우도 자주 볼 수 있어요. 이는 대학 사교 모임에서부터 시작해요. 그리고 보통 선배들이 먼저 나서서 계산을 하는 게 일반적이에요. 하지만 먼저 나서서 계산을 하는 것도 나쁘지 않아요.

食事代(しょくじだい)は私(わたし)に払(はら)わせてください。

식사비는 제가 낼게요.

今回(こんかい)は、私(わたし)におごらせてください。

이번에는 내가 살게요.

私(わたし)のおごりです。

내가 삽니다.

- 払(はら)う 지불하다, 내다
- おごる 한턱내다

125 더치페이

MP3 13-125

일본인들은 친구들과 밥을 먹을 때 더치페이를 하는 것이 일반적이에요.

割(わ)り勘(かん)にしましょう。

각자 내요.

더치페이

만약 본인이 먹은 음식의 가격은 본인이 계산하는 더치페이의 경우 이렇게 말합니다.

別(べつ)々(べつ)にお願(ねが)いします。

각자 부탁드려요(계산해 주세요).

126 계산하기

MP3 13-126

대부분의 일본 식당은 직접 계산대로 가서 계산을 해야 해요. 점원이 직접 테이블로 와서 계산을 받는 경우는 드뭅니다. 아래의 문장들은 계산대에 사람이 없거나 식당이 아닌 길거리에서 쇼핑을 할 때 사용할 수 있는 말이에요. 열심히 배워 둔다면 나중에 쓸 일이 생길 수도 있겠죠.

お会計(かいけい)をお願(ねが)いします。

계산 부탁드립니다.

お勘定(かんじょう)をお願(ねが)します。

계산 부탁드려요.

領収書(りょうしゅうしょ)をお願(ねが)いします。

영수증 부탁드립니다.

Word

- **会計**(かいけい) (음식점 등에서의) 계산, 대금 지불
- **勘定**(かんじょう) 계산, 대금 지불

コーヒーを注文(ちゅうもん)する

커피 주문하기

127 커피 주문하기

MP3 14-127

일본인들은 커피 마시는 것을 매우 좋아해서 아침, 점심, 저녁 혹은 늦은 밤이나 술을 마신 후에도 커피를 마셔요. 커피를 물 대신 먹는 경우도 있는데 보통 설탕이나 우유가 들어가지 않은 블랙커피를 많이 마셔요.

일본에 놀러 갈 기회가 생기면 식당이나 커피숍을 잘 살펴보세요. 메뉴에는 굉장히 많은 종류의 커피들이 있을 뿐더러 대부분 맛이 괜찮아서 실망할 일이 없을 거예요.

커피를 주문할 때는 「ください」나 「お願(ねが)いします」 같은 말을 사용하면 됩니다.

커피 주세요

コーヒーを ください。

커피 주세요.

コーヒーを お願(ねが)いします。

커피 부탁해요.

따뜻한 / 차가운 커피

따뜻한 커피를 주문할 때는「ホット(hot)」라고 말하고 차가운 커피를 주문할 때는「アイス(ice)」를 커피 앞에 붙이면 됩니다.

アイスコーヒーをください。
아이스커피 주세요.

ホットコーヒーをお願(ねが)いします。
따뜻한 커피 부탁해요.

129 여러 가지 커피

MP3 14-129

좋아하는 커피를 마시기 위해서 커피숍에서 자주 쓰는 말들을 알아야겠죠?

お飲(の)み物(もの)はいかがですか？

음료 마실래요?

コーヒーかお茶(ちゃ)にしますか？

커피나 차로 할까요?

何(なに)になさいますか？

무엇으로 하시겠어요?

커피 이름을 바로 말해서 주문할 수도 있어요.

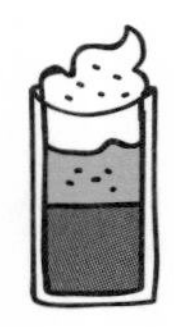

モカを一(ひと)つください。

모카 한 잔 주세요.

ラテを二(ふた)つください。

라떼 두 잔 주세요.

130 특별한 요구사항이 있을 때

커피를 주문할 때 무엇을 넣어 달라거나 넣지 말아야 하는 것처럼 특별한 요구사항이 있을 수 있습니다. '우유는 넣지 마세요', '크림은 넣지 마세요', '설탕은 조금만 넣어 주세요'처럼 말이에요. 이번에 배우는 내용을 잘 참고해서 활용해 보세요.

MP3 14-130

~로 부탁드려요

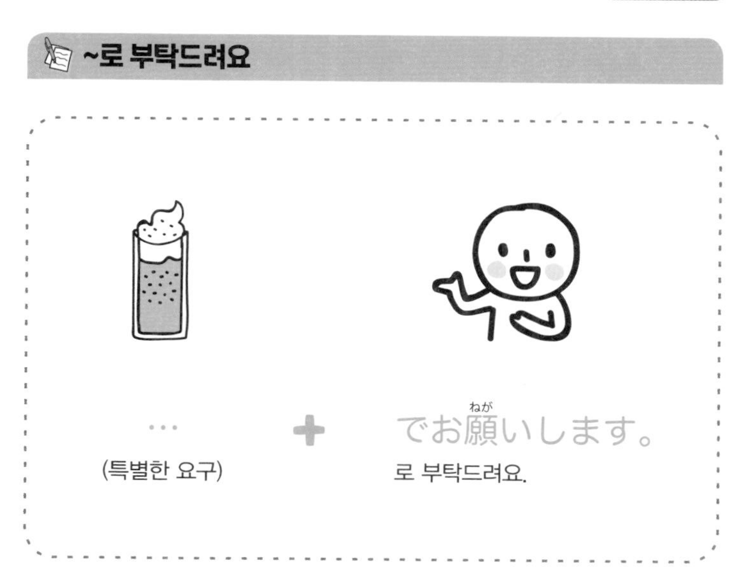

デカフェでお願(ねが)いします。

디카페인으로 부탁드려요.

低脂肪乳変更(ていしぼうにゅうへんこう)でお願(ねが)いします。

저지방우유로 바꿔서 부탁드려요.

無脂肪乳変更(むしぼうにゅうへんこう)でお願(ねが)いします。

탈지유로 변경 부탁드려요.

ホイップクリーム抜(ぬ)きで
お願(ねが)いします。

휘핑 크림은 빼고 부탁드려요.

일본에서는 커피, 디저트, 음료의 종류에 관계없이 모두 개인의 요구대로 만들어 줘요. 특별한 요구 사항이 있어도 전혀 어렵지 않습니다. 밑에 있는 문장을 점원에게 말하기만 하면 됩니다.

甘(あま)くしてください。

달게 해 주세요.

キャラメルソースをください。

캐러멜 소스를 주세요.

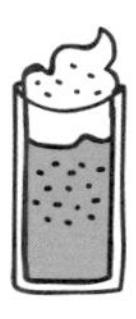

ホイップクリーム大盛(おおも)りでお願(ねが)いします。

휘핑 크림을 많이 얹어서 부탁드려요.

エスプレッソドッピオをお願(ねが)いします。

에스프레소 도피오(더블샷)으로 부탁드려요.

趣味(しゅみ)

취미

MP3 15-131

131 여러 가지 취미활동

일본인들은 전 세계에서 취미활동을 가장 많이 하는 민족이라고 말할 수 있을 정도로 여가 시설이 굉장히 많아요. 취미활동을 표현하는 단어는 어떤 것이 있는지 알아 볼게요.

水泳(すいえい) 수영	乗馬(じょうば) 승마	空手(からて) 공수도, 가라테	野球(やきゅう) 야구
庭仕事(にわしごと) 정원 가꾸기	園芸(えんげい) 원예	生け花(いけばな) 꽃꽂이	音楽(おんがく) 음악

コンピューター 컴퓨터	書道(しょどう) 서예
サーフィン 서핑	映画(えいが) 영화

PART 15 취미

ヨガ 요가	たんちょう 探鳥 탐조, 버드 워칭	りょこう 旅行 여행	どくしょ 読書 독서
うんどう 運動 운동	さどう 茶道 다도	きってあつ 切手集め 우표 수집	さつえい 撮影 촬영
りょうり 料理 요리	おど 踊り 춤	やまのぼ 山登り 등산	つ 釣り 낚시
かいが 絵画 회화, 그림			

132 취미가 뭐예요?

MP3 15-132

'취미가 뭐예요?'라고 물어볼 때 가장 관건인 단어는 취미의 뜻을 가진 「趣味」입니다. 질문을 할 때 이 단어가 들어가기 때문이에요. 먼저 간단한 문장을 예로 들어서 알아 볼게요.

대답할 때도 간단하게 말하면 됩니다.

PART 15 취미

취미는 ~예요

趣味(しゅみ)はテニスです。

취미는 테니스예요.

趣味(しゅみ)はヨガです。

취미는 요가예요.

133 쉬는 날에는 뭐해요?

MP3 15-133

'그날은 뭐 했어요?'라고 물어 볼 때의 문장 형태는 아래와 같아요.

~에 뭐해요?

週末(しゅうまつ)に何(なに)をしますか？

주말에 뭐 해요?

休(やす)みに何(なに)をしますか？

휴일에 뭐 해요?

暇(ひま)なときに何(なに)をしますか？

한가할 때 뭐 해요?

134 뭐 하는 걸 좋아해요?

MP3 15-134

상대방의 취미를 물어 볼 때 상대방이 무엇을 좋아하는지 물어 볼 수도 있어요.

あなたは何(なに)をするのが好(す)きですか?

당신은 뭐 하는 걸 좋아해요?

~하는 걸 좋아해요

동사를 사용해서 취미나 좋아하는 일을 설명할 때 동사의 기본형을 사용해요(동사의 형태를 바꾸지 않음).

ウィンドサーフィンをする

윈드서핑하다

マウンテンバイクに乗(の)る

산악 자전거를 타다

PART 15 취미

カヌーを漕(こ)ぐ 카누를 타다(젓다)	ジョギングする 조깅하다	ギターを弾(ひ)く 기타를 치다
散歩(さんぽ)する 산책하다	登山(とざん)する 등산하다	帆走(はんそう)する 범주하다(항해하다)
買(か)い物(もの)する 쇼핑하다	音楽(おんがく)を聞(き)く 음악을 듣다	テレビを見(み)る 텔레비전을 보다
スキーをする 스키를 타다	ゲームをやる 게임을 하다	キャンプに行(い)く 캠핑을 가다
歌(うた)う 노래하다	楽器(がっき)を弾(ひ)く 악기를 연주하다	

나는 ~하는 걸 좋아해요

私(わたし)は + … + のが好(す)きです。

나는 (동사) 것을 좋아해요.

나는 ~하는 걸 좋아해요

私(わたし)は + … + が好(す)きです。

나는 (명사) 을 좋아해요.

私(わたし)はキャンプに行(い)くのが好(す)きです。

나는 캠핑 가는 것을 좋아해요.

私(わたし)は登山(とざん)するのが好(す)きです。

나는 등산하는 것을 좋아해요.

私(わたし)は折(お)り紙(がみ)が好(す)きです。

나는 종이접기를 좋아해요.

135 나는 ~의 팬이에요

MP3 15-135

좋아하는 일을 말할 때 쓰는 표현이 하나 더 있어요.

私(わたし)はアニメのファンです。

나는 애니메이션 팬이에요.

私(わたし)は歌舞伎(かぶき)のファンです。

나는 가부키 팬이에요.

136 나는 특별히 좋아하는 게 없어요

특별히 좋아하는 활동이 없거나 다른 사람에게 말하고 싶지 않다면 이렇게 말하면 됩니다.

MP3 15-136

別(べつ)にこれという趣味(しゅみ)はないです。

딱히 이렇다 할 취미는 없어요.

別(べつ)に趣味(しゅみ)はないです。

따로 취미는 없어요.

特別(とくべつ)、何(なに)もないです。

특별히 아무것도 없어요.

何(なに)も興味(きょうみ)がありません。

아무런 흥미가 없어요.

~에는 흥미가 없어요

특별히 좋아하지 않는 일이 있다면 그 일이 무엇인지 말해 줄 수도 있어요.

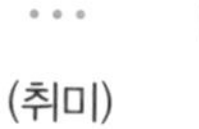

… (취미) (명사)

には興味(きょうみ)がありません。

에는 흥미가 없어요.

スポーツには興味(きょうみ)がありません。

스포츠에는 흥미가 없어요.

音楽(おんがく)には興味(きょうみ)がありません。

음악에는 흥미가 없어요.

褒(ほ)める / 責(せ)める

칭찬 / 비난

137 칭찬과 비난

MP3 16-137

일본인들은 칭찬과 비난에 상당히 신경을 쓰는 편이에요. 칭찬을 할 때는 다소 과할 때가 있지만 비난을 받을 때는 굉장히 민감해질 수 있어요. 특히 자신이 손해를 입었다고 생각이 들면 온화하기만 하던 낯빛이 싹 바뀌어 버릴지도 몰라요.

이번에 배울 칭찬과 비난은 모두 아래의 문장 형태를 띄고 있을 거예요.

~는 ~해요

西田(にしだ)さんは美(うつく)しいです。

니시다 씨는 예뻐요.

この映画(えいが)はダメです。

이 영화는 엉망이에요.

'다나카 씨는 정말 좋은 선생님이에요', '야마다 씨는 꽃미남이에요'와 같은 문장처럼 형용사와 명사를 함께 써서 말합니다. 여기서 말하는 선생님은 다나카를 의미하는 명사이고, 꽃미남은 야마다를 의미하는 명사입니다. 이와 같이 주어를 꾸며 주는 말은「です」의 앞에 위치합니다.

칭찬과 비난

…	+	は	+	…	+	…	+	です。
(사람/동물/사물)		은		(칭찬/비난)		(명사)		입니다.

田中(たなか)さんはいい先生(せんせい)です。

다나카 씨는 좋은 선생님이에요.

山田(やまだ)さんはハンサムな男性(だんせい)です。

야마다 씨는 잘생긴 남자예요.

일본어에는 '매우'를 뜻하는 부사가 매우 많습니다. 자주 쓰는 것으로는 「とても」나 「すごく」가 있습니다. 칭찬이나 비난 앞에 위치시켜 사용합니다.

칭찬과 비난

… + は + … + … + です。

(사람/동물/사물) 은 (매우) (칭찬/비난) 입니다.

彼女(かのじょ)はとてもきれいです。

그녀는 아주 예뻐요.

この町(まち)はすごく汚(きたな)いです。

이 도시는 정말 지저분해요.

Word · きれいだ 예쁘다 · 汚(きたな)い 지저분하다, 더럽다

138 칭찬

MP3 16-138

어느 나라의 말이든 '좋다'는 뜻을 나타내는 단어는 매우 많아서 상황에 알맞게 골라 사용해야 해요. 하지만 상대가 나보다 높은 선배나 어른일 경우에는 특히 주의해서 써야 합니다. 어떤 단어들은 사용하기 부적절한 경우도 있기 때문입니다.

冷静(れいせい)だ
냉정하다

素晴(すば)らしい
훌륭하다, 대단하다

完璧(かんぺき)だ
완벽하다

優秀(ゆうしゅう)だ
우수하다

格好(かっこう)いい
멋지다

悪(わる)くない
나쁘지 않다

西田（にしだ）さんは格好（かっこう）いいです。

니시다 씨는 멋져요.

高橋（たかはし）さんは素晴（すば）らしいです。

다카하시 씨는 훌륭해요.

예의 바르다 / 살갑다 / 다정하다 / 대범하다

아래의 형용사들은 가깝지 않은 사람에게도 쓸 수 있는 단어입니다. 사람의 내면이나 성격을 나타내는 말입니다.

MP3 16-139

礼儀(れいぎ)正(ただ)しい 예의 바르다	優(やさ)しい 다정하다, 상냥하다	気(き)が大(おお)きい 대범하다
面倒見(めんどうみ)がいい (남을) 잘 돌보다		気前(きまえ)が良(い)い 후하다, 인심이 좋다

木村さんは礼儀正しいです。

기무라 씨는 예의가 바릅니다.

佐藤さんは面倒見がいいです。

사토 씨는 다른 사람을 잘 돌봐요.

140 호의적인 표현

▶ MP3 16-140

다른 사람에게 쉽게 보여지는 장점들이 있습니다. 한 가지 주의해야 할 점은 일부 칭찬의 말들은 동사가 바뀐 말이기 때문에 뒤에 「人」을 넣어줘야 합니다. 하지만 일반 형용사는 바로 뒤에 「です」를 사용하면 됩니다.

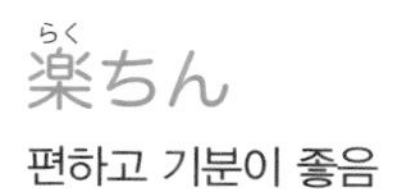

思(おも)いやりのある人(ひと)
배려심이 있는 사람

のんびりしている人(ひと)
느긋한(태평한) 사람

彼(かれ)はのんびりしている人(ひと)です。

그는 느긋한 사람이에요.

彼女(かのじょ)は人懐(ひとなつ)っこいです。

그녀는 붙임성이 있어요.

예쁘다 / 잘생기다 / 귀엽다 / 멋지다

MP3 16-141

이 단어들은 외국어를 배울 때 반드시 알아야 할 말들로, 때에 맞춰서 칭찬할 수 있을 거예요. 이런 단어들에는 어떤 것들이 있는지 함께 살펴볼게요.

きれいだ
예쁘다

ハンサムだ
잘생기다

かわいい
귀엽다

すてき
素敵だ
근사하다, 멋지다

あい
愛らしい
사랑스럽다

りっぱ
立派だ
(외모가) 훌륭하다

かっこう
格好いい
멋지다, 근사하다

あい
愛くるしい
귀엽다, 사랑스럽다

うつく
美しい
아름답다

佐藤(さとう)さんは立派(りっぱ)です。

사토 씨는 훌륭합니다.

鈴木(すずき)さんは素敵(すてき)です。

스즈키 씨는 근사합니다.

142 상냥하다 / 온화하다 / 섬세하다

MP3 16-142

상대방과 이미 가까운 사이라면 내면이나 성격을 조금 더 자세하게 칭찬할 수 있겠죠.

温和(おんわ)だ
온화하다

温厚(おんこう)だ
온후하다, 온화하다

優(やさ)しい
다정하다, 상냥하다

繊細(せんさい)だ
섬세하다

傷(きず)つきやすい
쉽게 상처받다

木藤(きどう)さんはとても優(やさ)しいです。

기도 씨는 아주 다정해요.

今井(いまい)さんは傷(きず)つきやすいです。

이마이 씨는 쉽게 상처받아요.

143 매력적이다 / 사랑스럽다 / 멋지다

MP3 16-143

'매력적이다', '사랑스럽다', '멋지다' 같은 칭찬의 말들을 듣는다면 누구나 좋아할 거예요.

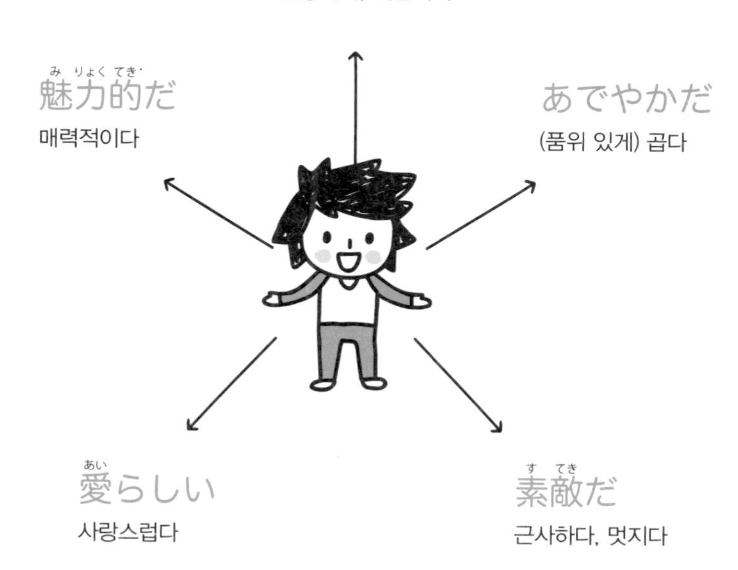

伊藤(いとう)さんは魅力的(みりょくてき)です。

이토 씨는 매력적이에요.

清水(しみず)さんは
あでやかです。

스미즈 씨는 고와요.

멋지다 / 우아하다 / 품위 있다 / 화려하다

▶ MP3 16-144

잘 꾸민 모습이나, 패션 감각 또는 라이프스타일을 칭찬하는 말들도 굉장히 많아요.

流行(りゅうこう)に敏感(びんかん)だ 유행에 민감하다	格好(かっこう)いい 멋지다, 근사하다	きれい好(ず)きだ 깔끔한 것을 좋아하다
男(おとこ)ぶりがいい 호남이다	エレガントだ 우아하다, 고상하다	おしゃれだ 멋을 내다
スタイルがいい 스타일이 좋다	上品(じょうひん)だ 품위 있다, 고상하다	ゴージャスだ 화려하다

恵子ちゃんは流行に敏感です。

게이코 씨는 유행에 민감해요.

庄司さんはスタイルがいいです。

쇼지 씨는 스타일이 좋아요.

나쁘다 / 못됐다 / 게으르다

일본인들은 사이가 정말로 틀어지거나 친한 사이가 아니라면 다른 사람을 비난하는 말을 하지 않을 거예요. 이런 말들은 대개는 눈에 보이는 것들에 대한 부정적인 말들일 거예요.

MP3 16-145

恐(おそ)ろしい	무섭다
ひどい	심하다, 호되다
悪(わる)い	나쁘다
だめだ	못 쓰다, 소용 없다, 엉망이다

この政治家(せいじか)は悪(わる)いです。

이 정치가는 나빠요.

彼(かれ)はひどいです。

그는 지독해요.

146 속이 좁다 / 비겁하다 / 짓궂다

사실 남에게 정이 없고, 이기적이며, 옹졸한 사람은 별로 없어요. MP3 16-146

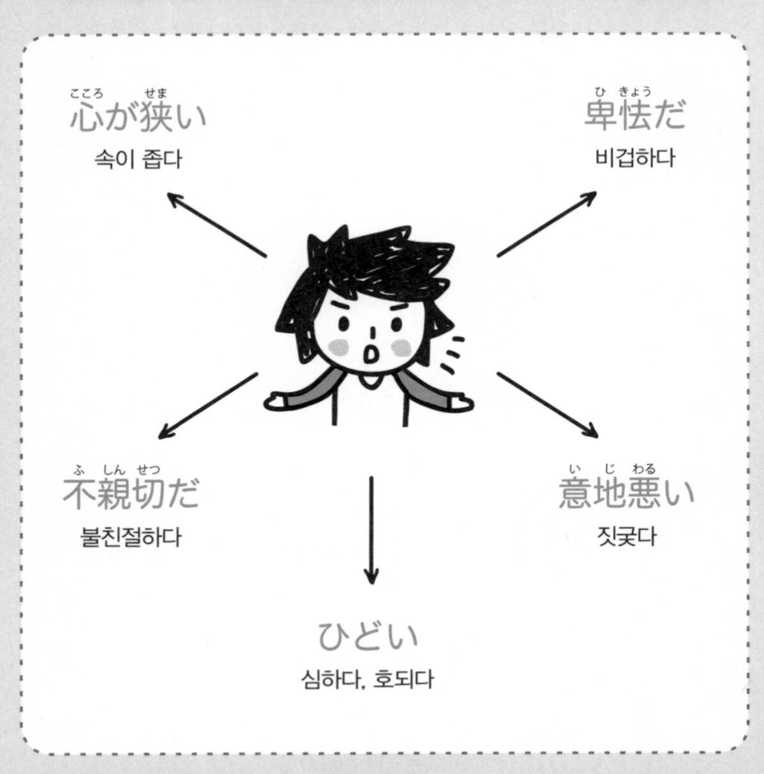

それはひどいですね。

그거 심하네요.

彼女(かのじょ)は不親切(ふしんせつ)です。

그녀는 불친절해요.

君(きみ)は心(こころ)が狭(せま)いね。

넌 속이 좁구나

MP3 16-147

147 믿을 수 없다

아래의 말들은 굉장히 심한 편에 속합니다. 그러므로 이러한 단어들을 먼저 생각해 보고 신중히 사용하는 게 좋아요.

不誠実(ふせいじつ)だ
불성실하다

浮気(うわき)をする
바람 피우다

当(あ)てにできない
믿을 수 없다, 불확실하다

信用(しんよう)できない
믿을 수 없다

ころころ変(か)わる
갈수록 변하다

正直(しょうじき)ではない
정직하지 않다, 솔직하지 못하다

あなたは信用(しんよう)できないです。

당신은 못 믿겠어요.

彼(かれ)らは当(あ)てにできないです。

그들은 믿을 수 없어요.

148 질투하다

MP3 16-148

사람이라면 상황에 따라 질투를 할 때가 있겠죠? 질투를 할 때는 아래처럼 표현합니다.

やきもち焼き

질투가 심한 사람

田中さんの彼女はやきもち焼きです。

다나카 씨의 여자 친구는 질투가 심해요.

Word · やきもちを焼く 질투하다

MP3 16-149

149 제멋대로 하다

이기적이고 다른 사람을 존중하지 않는 사람을 말할 때는 이렇게 해요.

自己中心的(じこちゅうしんてき)	자기중심
わがまま	제멋대로임, 버릇없음
自分勝手(じぶんがって)	제멋대로 함

彼(かれ)は自己中心的(じこちゅうしんてき)です。

그는 자기중심적이에요.

彼(かれ)はわがままです。

그는 제멋대로예요.

150 가식적이다 / 위선적이다

이 단어들은 착한 척하거나 남을 잘 속이는 사람을 표현하는 말들이에요.

MP3 16-150

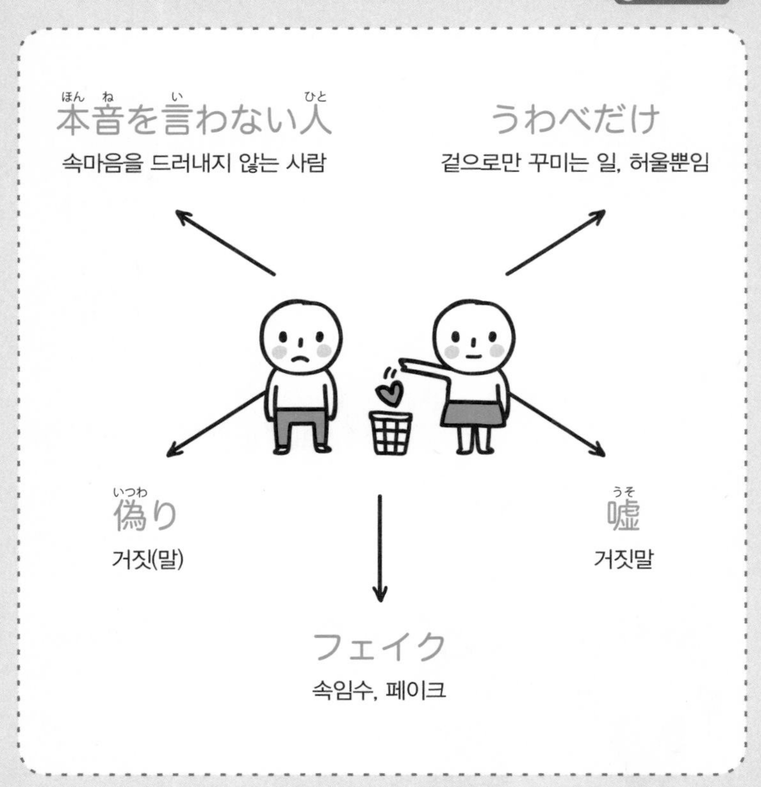

竹田(たけだ)さんはうわべだけです。

다케다 씨는 허울뿐이에요.

彼(かれ)は本音(ほんね)を言(い)わない人(ひと)です。

그는 속마음을 드러내지 않는 사람이에요.

MP3 16-151

151 다용도

물건의 실용성을 본다면 기능이 많으면 많을수록 좋겠죠?

多目的(たもくてき)	다목적
万能(ばんのう)	만능

このポットは万能(ばんのう)です。

이 냄비는 만능입니다.

このテーブルは多目的(たもくてき)です。

이 테이블은 다목적이에요.

Word · ポット 포트, 냄비

특징

MP3 16-152

특징이 있고 독특한 물건은 다음의 단어를 사용해서 표현할 수 있어요.

独特(どくとく)	독특
特別(とくべつ)	특별
スペシャル	스페셜

この映画(えいが)は独特(どくとく)です。

이 영화는 독특해요.

この本(ほん)は特別(とくべつ)です。

이 책은 특별해요.

▶ MP3 16-153

153 뛰어남

어떤 물건이든 당신을 매료시킨다면 모두 이 단어들을 사용할 수 있어요. 이들은 작품을 감상하거나 어떤 상황이나 물건을 봤을 때 사용할 수 있어요. 또 문장의 주어에 지정된 명사를 넣을 수 있어요.

이것 / 저것 ~

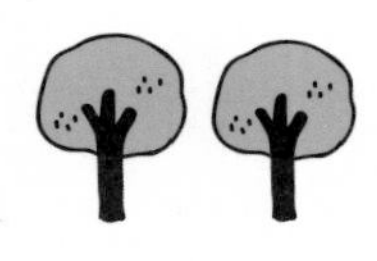

この+景色(けしき)

여기 풍경

その+車(くるま)

그 차

あの+山(やま)

저 산

人目(ひとめ)を引(ひ)くもの
시선을 끄는 물건

人目(ひとめ)を引(ひ)く人(ひと)
시선을 끄는 사람

目立(めだ)つ	눈에 띄다, 두드러지다
突出(とっしゅつ)しています	특출납니다
優(すぐ)れた	우수한, 뛰어난

山田(やまだ)さんは人目(ひとめ)を引(ひ)く人(ひと)です。
야마다 씨는 이목을 끄는 사람이에요.

この作品(さくひん)は突出(とっしゅつ)しています。
이 작품은 특출납니다.

Word
- 人目(ひとめ) 남의 눈(시선)
- 引(ひ)く 끌다

최고다 / 완벽하다

일본 드라마나 광고에서 자주 듣는 말로 「すごい(대단하다)」가 있을 거예요. 이는 감탄사와 비슷해서 「です」를 붙이지 않고 그대로 쓸 수 있어요.

信(しん)じられない	믿을 수 없다
すごい	대단하다, 엄청나다
完璧(かんぺき)だ	완벽하다
エクセレントだ	우수하다, 탁월하다
優良(ゆうりょう)だ	우수하다

それはすごいです。
그거 대단해요.

信(しん)じられないです。
믿을 수 없어요.

155 다채롭다 / 밝다

MP3 16-155

어떤 사물을 현란하고 다채롭다고 표현하고 싶다면 아래의 단어들을 사용하면 돼요. 이 단어들은 사람이나 사물에 모두 사용할 수 있어요.

カラフルだ	다채롭다, 화려하다
聡明(そうめい)だ	총명하다
鮮(あざ)やかだ	산뜻하다, 선명하다
生(い)き生(い)き	생생한 모양, 생기 넘치는 모양
華(はな)やかだ	화려하다, 화사하다
明(あか)るい	밝다, 환하다

それは華(はな)やかです。

그건 화사해요.

とても明(あか)るいです。

굉장히 밝아요.

とても鮮(あざ)やかです。

아주 산뜻해요.

156 의미 있다

▶ MP3 16-156

표면적으로 보이는 일들도 있지만 의미가 있는 일들도 있어요. 아래의 단어에서 잘 선택해서 표현해 보세요.

有意義(ゆういぎ)だ	유의미하다, 값어치가 있다
貴重(きちょう)だ	귀중하다
意味(いみ)はあります	의미는 있습니다
わけありだ	특별한 사정이 있다

それは貴重(きちょう)な時間(じかん)です。

그것은 귀중한 시간이에요.

それは有意義(ゆういぎ)です。

그건 유의미해요.

MP3 16-157

157 엉망이다

일이나 상황이 원만하지 않을 때는 다음의 단어로 표현할 수 있어요.

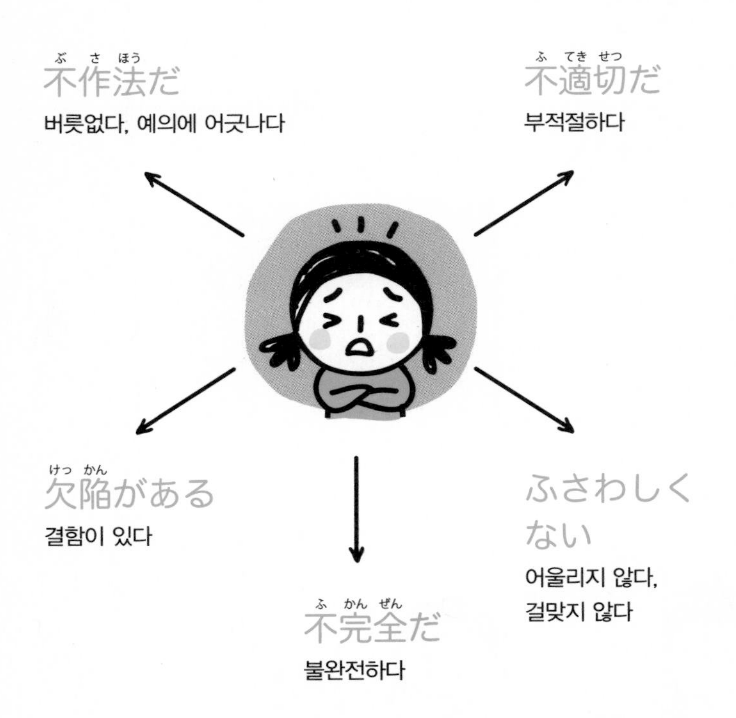

パーティーはひどかったです。

파티는 엉망이었어요.

彼(かれ)らの関係(かんけい)は不完全(ふかんぜん)です。

그들의 관계는 불완전해요.

命令(めいれい)と依頼(いらい)

명령과 의뢰

158 ~ 주세요

MP3 17-158

우선 일상생활에서 쓰는 부탁에 대해 알아 볼게요. 우리가 매일 쓰는 표현 중에서 가장 실용적인 표현은 아마도 다른 사람에게 어떤 물건을 달라고 하는 것입니다.

~ 주세요

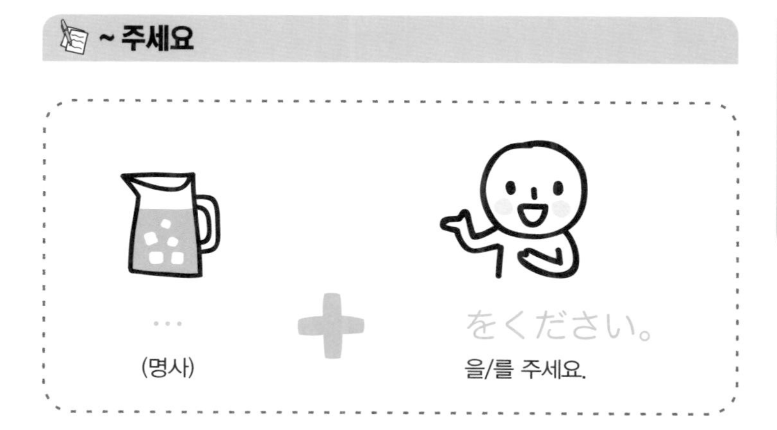

それをください。
그것을 주세요.

水(みず)をください。
물을 주세요.

159 ~ 해 주세요

MP3 17-159

일본어로 상대방에게 무엇을 해 달라고 부탁할 때 가장 간단하면서 가장 좋은 말이 있어요. 상황에 맞게 사용해 보세요.

~ 해 주세요

ご利用(りよう)ください。	이용해 주세요.
ご教授(きょうじゅ)ください。	가르쳐 주세요.
ご指導(しどう)ください。	지도해 주세요.
ご確認(かくにん)ください。	확인해 주세요.
ご準備(じゅんび)ください。	준비해 주세요.
ご入会(にゅうかい)ください。	가입(입회)해 주세요,
ご自愛(じあい)ください。	몸조심하세요.

ご覧(らん)ください。 봐 주세요(보세요).

ご了承(りょうしょう)ください。 양해해 주세요.

ご承知(しょうち)ください。 승낙해 주세요. / 이해해 주세요.

ご遠慮(えんりょ)ください。 삼가해 주세요.

ご理解(りかい)ください。 이해해 주세요.

ご連絡(れんらく)ください。 연락 주세요.

お試(ため)しください。 도전해 보세요.

お待(ま)ちください。 기다려 주세요.

お伝(つた)えください。 전해 주세요.

お納(おさ)めください。 받아 주세요.

お座(すわ)りください。 앉으세요.

お知(し)らせください。 알려 주세요.

お掛(か)けください。 앉으세요.

お引(ひ)き取(と)りください。 맡아 주세요.

お許(ゆる)しください。 용서해 주세요.

お進(すす)みください。 계속해(진행해) 주세요.

お入(はい)りください。 들어오세요.

お取(と)りください。 집으세요. / 받으세요.

お返事(へんじ)ください。 회신해 주세요. / 대답해 주세요.

お返事(へんじ)ください。

대답해 주세요.

ご利用(りよう)ください。

이용해 주세요.

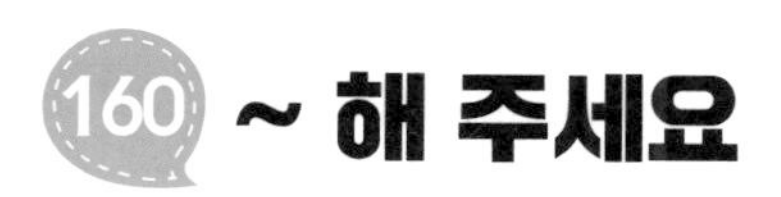

~ 해 주세요

MP3 17-160

다른 사람에게 무언가를 도와달라고 부탁할 때는 동사를 「~て」 형태로 바꿔 주고 말하면 됩니다.

~ 해 주세요

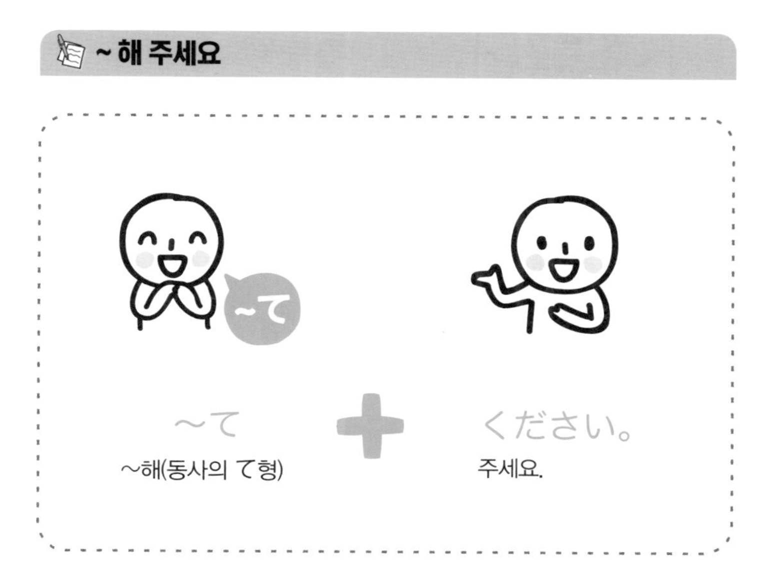

ゆっくり食べて
ください。
천천히 드세요.

ここに書いて
ください。
여기에 써 주세요.

メールしてください。
메일 보내 주세요.

161 ~하지 마세요

MP3 17-161

다른 사람에게 무언가를 하지 말라고 부탁할 때는 동사를 부정 형태로 바꿔 주면 돼요.

~하지 마세요

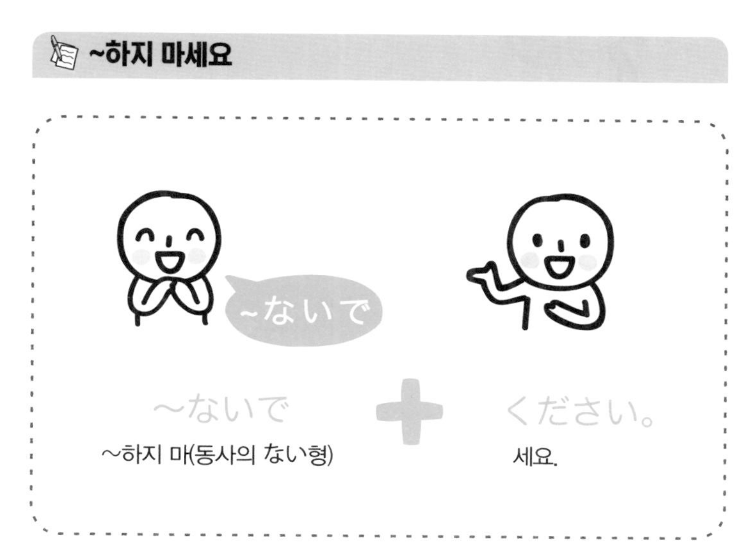

怒(おこ)らないでください。

화내지 마세요.

無理(むり)しないでください。

무리하지 마세요.

使(つか)わないでください。

쓰지 마세요.

Word · 使(つか)う 쓰다, 사용하다

162 명령하기

MP3 17-162

동사의 て형을 이용하면 명령문을 만들 수 있어요. 단, 이 문장은 반말투이기 때문에 가까운 사이에서만 사용하는 것이 좋아요.

~해

～て

～해(동사의 て형)

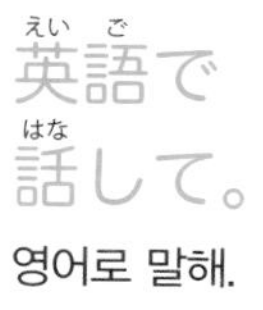

英語(えいご)で話(はな)して。

영어로 말해.

いっぱい寝(ね)て。

실컷 자.

急(いそ)いでやって。

빨리 해.

電気(でんき)、消(け)して。

불 꺼.

MP3 17-163

163 ~하지 마

앞에서 배운 것과 같아요. '~하지 마'나 '~은 안 돼'처럼 명령을 하고 싶다면 동사의 ない형에 「ないで」를 붙여 주면 됩니다. 이 말도 반말투이므로 사용할 때 주의해야 합니다.

~하지 마

~ないで!

~하지 마(동사의 ない형)

心配(しんぱい)しないで。

걱정하지 마.

誤解(ごかい)しないで。

오해하지 마.

164 ~해 줘

MP3 17-164

이 표현은 대개 아랫사람이나 친한 사이에서 쓰는 말이에요.

~해 줘

~て

~해(동사의 て형)

\+

くれ。

줘

手伝(てつだ)ってくれ。

도와줘.

やめてくれ。

그만해.

かんべんしてくれ。

용서해 줘(봐줘).

165 ~해 줘요

이번에는 동년배나 비교적 친숙한 사람에게 부탁하는 방법에 대해 알아 볼게요. 이 표현은 자주 쓰이지만 윗사람에게는 잘 쓰지 않습니다.

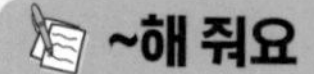

~해 줘요

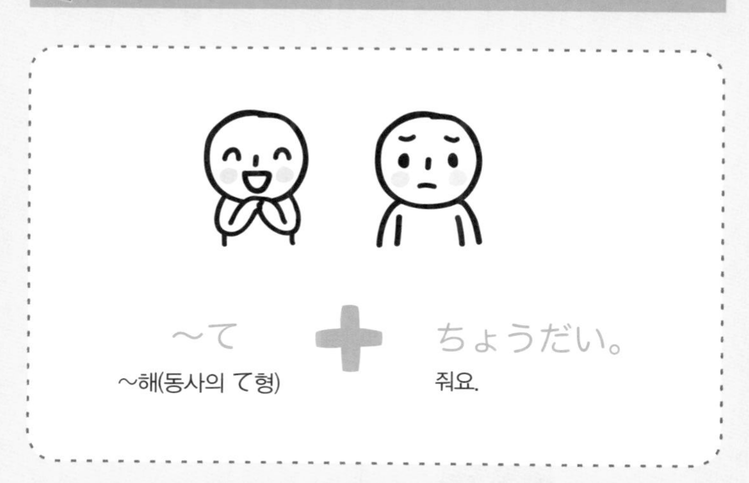

明日(あした)来(き)てちょうだい。

내일 와 줘요.

先生(せんせい)に電話(でんわ)してちょうだい。

선생님한테 전화해 줘요.

ラジオの音(おと)を小(ちい)さくしてちょうだい。

라디오 소리를 줄여 줘요.

166 ~해라 / ~하세요

MP3 17-166

이 표현은 부모님이 자녀에게 하거나 선생님이 학생에게 명령하는 느낌이에요. 상대방에게 요구할 때 명령의 뉘앙스가 약간 포함되어 있습니다. 아이들이나 학생들이라면 당연히 해야 할 것들을 이야기하기 때문이에요.

~해라(하세요)

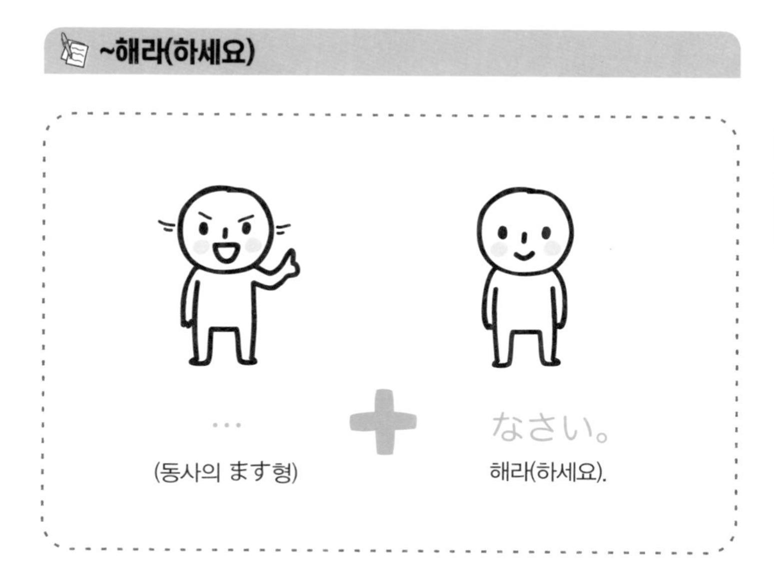

서술문

ニンジンを食べ(た)ます。

당근을 먹습니다.

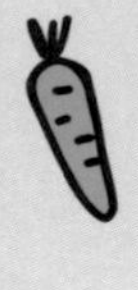

명령문

ニンジンを食べ(た)なさい。

당근을 먹어라.

서술문

我慢(がまん)します。

참을게요.

명령문

我慢(がまん)しなさい。

참아라.

서술문

気(き)をつけます。
조심할게요.

気(き)をつけなさい。
조심하세요.

명령문

서술문

早(はや)く寝(ね)ます。
일찍 잘게요.

早(はや)く寝(ね)なさい。
일찍 자거라.

명령문

祝(いわ)う

축하하기

167 행복하세요

MP3 18-167

매우 간단하지만 많은 뜻을 담고 있는 말이며, 어떤 상황에서도 사용할 수 있는 말입니다.

お幸(しあわ)せに。

행복하세요.

더 큰 축복을 빌어주고 싶다면 아래와 같이 말합니다.

幸(しあわ)せでいっぱいになりますように。

행복이 가득하길 바랄게요./
행복 가득 하세요.

168 건강하세요

상대방이 건강하게 지내길 바라는 것 역시 어떤 상황에서도 사용할 수 있는 말입니다.

けんこう
健康でありますように。
건강하게 지내세요.

병문안을 갔을 경우에는 다음의 문장에서 상황에 맞게 사용하면 됩니다. 하지만 병문안을 갈 때 꽃을 가져가려면 주의해야 합니다. 화분은 '몸져눕는다'는 의미가 될 수 있으니 피하는 것이 좋아요. 병원에 따라서는 꽃을 가져오지 못하게 하는 곳도 있어요.

だいじ
お大事に。
몸조리 잘하세요.

早(はや)くよくなってね。

얼른 나아.

早(はや)く治(なお)るといいですね。

빨리 나으면 좋겠어요.

病気(びょうき)がすぐよくなりますように。

병이 곧 낫길 바랄게요.

169 축복에 응답하기

MP3 18-169

상대방이 축하나 축복을 하면 당연히 이에 대한 인사를 해야겠죠?

▶ **Dialogue**

お幸(しあわ)せに。

행복하세요.

どうもありがとう
ございます。

정말 고맙습니다.

▶ Dialogue

ご$\overset{せいこう}{成功}$をお$\overset{いの}{祈}$りします。

성공하시길 바랄게요.

あなたもね。

당신도요.

MP3 18-170

170 좋은 사람 만나세요

실연을 겪은 사람이나 마음이 아픈 사람을 위로해 줄 수 있는 말입니다.

素敵(すてき)な人(ひと)に出会(であ)えますように。

멋진 사람을 만날 수 있길 바랄게요.

運命(うんめい)の人(ひと)に出会(であ)えますように。

운명의 상대를 만날 수 있길 바랄게요.

Word · 出会(であ)う (우연히) 만난다, 마주치다

상대방과 매우 친해서 그 사람의 이상형을 알고 있는 상황이라면 특정 스타일을 직접 말할 수도 있습니다.

ハンサムな恋人(こいびと)ができますように。

잘생긴 애인이 생기길 바랄게요.

きれいな恋人(こいびと)ができますように。

예쁜 애인이 생기길 바랄게요.

金持(かねも)ちの恋人(こいびと)ができますように。

돈 많은(부자) 애인이 생기길 바랄게요.

축복을 빌어준 것이 현실이 됐다면 이제 그들을 정말로 축복해 줄 일만 남았어요.

結婚(けっこん)できますように。

결혼하게 되길 바랄게요.

하는 일 잘 되길 바라요

MP3 18-171

이번에는 상대방의 사업이나 하는 일이 잘 되길 빌어 주는 말이에요.

たくさん売(う)れますように。

많이 팔리길 바랄게요.

成功(せいこう)しますように。

성공하길 바랄게요.

Word · 売(う)れる (잘) 팔리다

상대방이 배우, 예술가이거나 연예인일 경우 유명해지거나 인기가 많아지길 바랄 수도 있겠죠?

有名(ゆうめい)になりますように。

유명해지길 바랄게요.

愛(あい)される人(ひと)になりますように。

사랑받는 사람이 되길 바랄게요.

Word

- 愛(あい)する 사랑하다
- 愛(あい)される 사랑받다

172 공부 잘 되길 바라요

MP3 18-172

일본인들은 공부를 굉장히 열심히 해요. 어떤 시험을 치르든 모두 최선을 다 해서 준비할 거예요.

無事(ぶじ)に卒業(そつぎょう)できますように。

무사히 졸업할 수 있길 바라요.

試験(しけん)に合格(ごうかく)しますように。

시험에 합격하길 바랄게요.

良(よ)い成績(せいせき)を取(と)れますように。

좋은 성적 받기를 바랄게요.

入学試験(にゅうがくしけん)に合格(ごうかく)しますように。

입학시험에 합격하길 바랄게요.

奨学金(しょうがくきん)をもらえますように。

장학금 받을 수 있길 바랄게요.

좋은 여행 되세요

▶ MP3 18-173

일본 사람들은 여행을 자주 가요. 일본은 교통이 발달해서 직장인들도 다른 도시나 다른 나라로 출장을 가는 데 매우 편리합니다.

無事(ぶじ)に行(い)けますように。

무사히 갈 수 있길 바랄게요.

道中(どうちゅう)ご無事(ぶじ)を祈(いの)ります。

무사히 여행하시길 바랄게요.

良(よ)い旅(たび)を。

좋은 여행 되세요.

交通(こうつう)

교통

여러 가지 교통수단

MP3 19-174

일본은 교통수단이 편리하기로 유명한 나라예요. 게다가 종류도 굉장히 다양합니다. 일본의 교통수단에는 어떤 것들이 있는지 함께 알아 볼까요?

新幹線(しんかんせん)
신칸센
(고속철도)

電車(でんしゃ)
전철

地下鉄(ちかてつ)
지하철

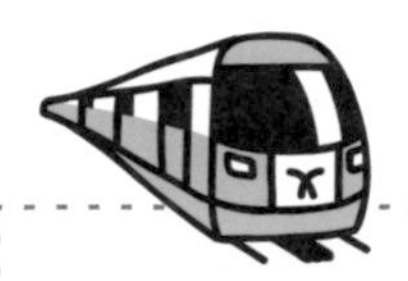

モノレール
모노레일

自転車(じてんしゃ)
자전거

車(くるま)
자동차

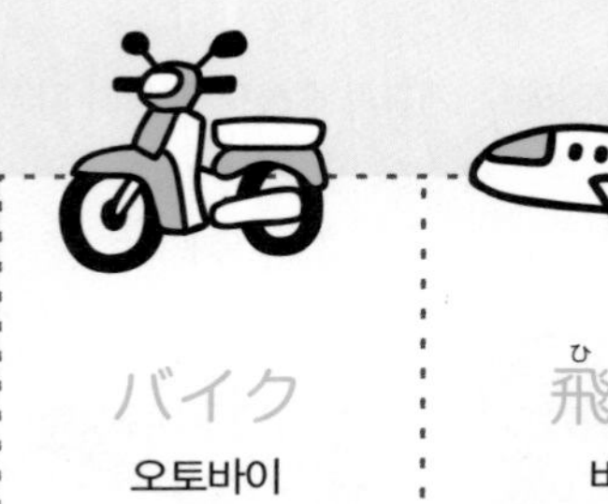

バイク
오토바이

飛行機（ひこうき）
비행기

船（ふね）
배

バス
버스

タクシー
택시

교통수단 이용하기

MP3 19-175

일본어는 주어를 생략해서 말하는 경우가 많습니다. 그래서 교통수단을 이용하거나 직접 운전한다고 말할 때 주어를 생략하고 교통수단의 이름을 말한 후 「동사의 ます형」에 동사의 과거형을 만드는 「~ました」를 붙이면 됩니다. 아래의 문장은 방금 설명한 규칙이 이미 적용된 문장입니다.

~운전했습니다

~탔습니다

※ '타다'라는 동사 「乗(の)る」는 목적격 조사를 「を」가 아닌 「に」로 씁니다.

自転車(じてんしゃ)に乗(の)りました。

자전거를 탔습니다.

バイクに乗(の)りました。

오토바이를 탔습니다.

176 걸어가다

MP3 19-176

지금 걸어가고 있다고 말하려면 이렇게 하면 됩니다.

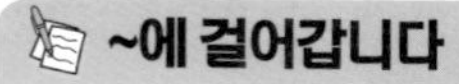

~에 걸어갑니다

… + に歩(ある)いて行(い)きます。

(장소) ~에 걸어갑니다.

市場(いちば)に歩(ある)いて行(い)きます。

시장에 걸어갑니다.

学校(がっこう)に歩(ある)いて行(い)きます。

학교에 걸어갑니다.

公園(こうえん)に歩(ある)いて行(い)きます。

공원에 걸어갑니다.

MP3 19-177

177 ~에 ~으로 가다

어떤 교통수단을 이용해서 외출할 때 장소와 교통수단 뒤에 조사를 정확하게 사용해야 합니다. 장소의 뒤에는 「に(~에, ~으로)」를 붙이고 교통수단의 뒤에는 「で(~으로)」를 붙여 주면 됩니다. 예를 들어 볼게요.

~에 ~으로 갑니다

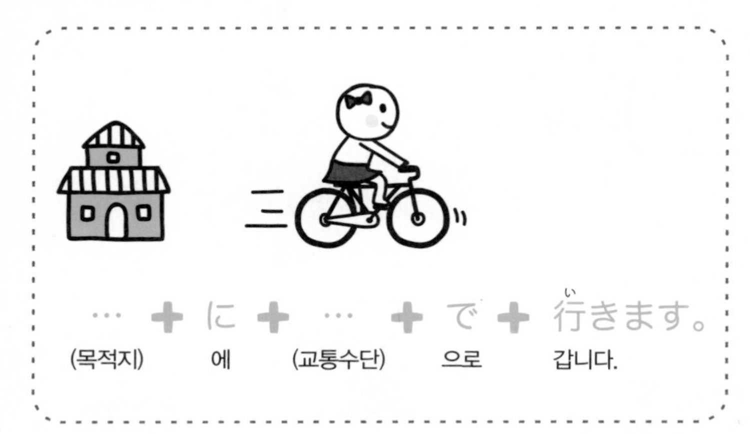

空港(くうこう)にタクシーで行(い)きます。

공항에 택시로 갑니다.

病院(びょういん)にタクシーで行(い)きます。

병원에 택시로 갑니다.

ここにエクスプレス船(せん)で行(い)きます

여기에 익스프레스선으로 갑니다.

Word · エクスプレス 익스프레스, 급행

MP3 19-178

178 택시

우리나라 택시와 일본의 택시는 조금 달라요. 일본의 택시는 출입문을 기사가 직접 조작하여 열고 닫을 수 있어요. 그러니 직접 손으로 문을 열고 닫을 필요가 없답니다. 이 밖에도, 일본은 택시를 반드시 지정된 곳에서만 잡을 수 있어요. 우리나라처럼 아무 곳에서나 부를 수 있는 게 아니에요.

~로 가 주세요

택시기사에서 목적지를 말해 줄 때 보통 '~로 가주세요'라고 합니다. 먼저 가야 할 곳을 말한 후 '데려다 주세요'라고 말하면 되겠죠?

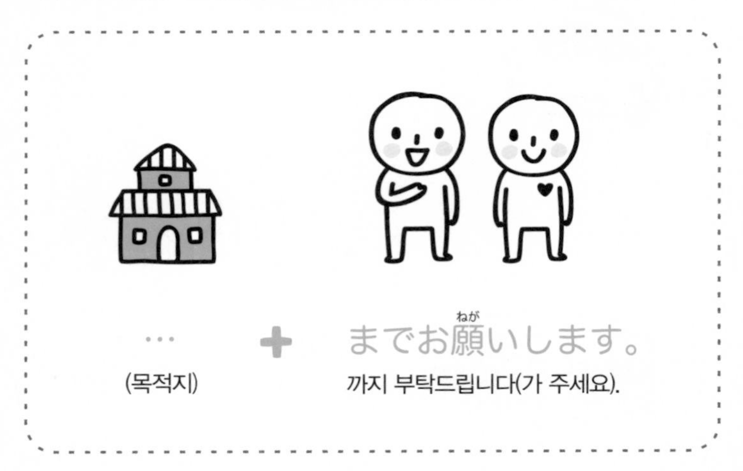

空港(くうこう)までお願(ねが)いします。

공항까지 가 주세요.

このホテルまでお願(ねが)いします。

이 호텔까지 가 주세요.

渋谷駅(しぶやえき)までお願(ねが)いします。

시부야역까지 가 주세요.

얼마나 걸립니까?

얼마나 걸리는지 알고 싶다면 이렇게 말해 보세요.

どのくらいかかりますか？

얼마나 걸립니까?

渋滞(じゅうたい)がなければ、すぐですよ。

막히지 않으면 금방이에요.

時間(じかん)がかかりますね。

시간이 걸리네요.

時間(じかん)がかかりません。

시간이 안 걸립니다.

얼마나 더 가야 돼요?

어느 정도 떨어져 있는지 알고 싶다면 이렇게 말해 보세요.

どのくらい離(はな)れていますか？

얼마나 떨어져 있나요?

여기서 얼마나 더 가야 되는지 물어 볼 수도 있습니다.

ここからどれくらいありますか？

ここからどのくらいかかりますか？

여기서 얼마나 걸립니까?

~에 세워 주세요

MP3 19-179

이 말은 굉장히 중요합니다. 도착하기 전에 기사 님께 목적지를 제대로 말해 주어야 지나치지 않기 때문입니다.

止(と)めてください。
세워 주세요.

ここで止(と)めてください。
여기에 세워 주세요.

목적지에 가까워지면 기사 님께 내릴 곳을 말해 주세요.

다음 ~에서 내리겠습니다

Word · 降(お)りる 내리다, 하차하다

次のバス停で降ります。

다음 버스 정류장에서 내릴게요.

次のガソリンスタンドで降ります。

다음 주유소에서 내릴게요.

次の駅で降ります。

다음 역에서 내릴게요.

180 요금은 얼마입니까?

MP3 19-180

일본은 택시비를 카드로 결제할 수 있습니다. 추가비용도 없답니다.

MP3 19-181

181 바래다 줄게요

직접 차를 운전하고 있다면 '바래다 줄게요'라고 먼저 말할 수도 있어요. 일반적으로 일본 사람들은 먼저 부탁하는 걸 주저합니다. 상대방이 거절할까 봐 걱정하기 때문입니다.

送(おく)りましょうか？

데려다줄까요?

매우 친근한 사이라면 먼저 바래다 주겠다고 말할 수 있겠죠.

~까지(로) 바래다 줄게요

…	+	まで	+	送(おく)ります。
(장소)		까지(로)		바래다 줄게요.

家(いえ)まで送(おく)ります。

집까지 바래다 줄게요.

ホテルまで送(おく)ります。

호텔까지 바래다 줄게요.

道(みち)を尋(たず)ねる

길 묻기

182 길을 잃었어요

MP3 20-182

일본에서는 만약 길을 잃었더라도 크게 걱정할 필요가 없을 거예요. 일본은 각 교통 시스템이 잘되어 있어 누구에게 길을 물어도 친절하게 도와줄 거예요. 경찰도 마찬가지입니다. 무엇을 물어 보든 매우 자세하게 알려줄 거예요. 우선 상대방에게 '길을 잃었어요'라고 말하는 방법을 배워 봐요.

저는 미아가 됐어요. / 저는 길을 잃었어요.

私(わたし)は迷子(まいご)になりました。

私(わたし)は道(みち)に迷(まよ)いました。

Word

- 迷子(まいご) 미아
- 道(みち)に迷(まよ)う 길을 잃다

PART 20 길 묻기

183 도움 요청하기

MP3 20-183

길을 물어 보기 전에 먼저 도움을 요청하는 게 순서일 거예요. 어떤 상황에서든 아주 유용하기 쓸 수 있는 표현인 「すみません(실례합니다)」이 있어요. 이것을 이용해서 대화를 시작해 보세요.

라고 말한 후 자신의 문제를 말하면 됩니다.

ちょっとお尋(たず)ねしてもいいですか？

좀 여쭤 봐도 되나요?

道(みち)を教(おし)えてもらえますか？

길을 알려 주시겠어요?

184 도와드릴까요?

▶ MP3 20-184

당황해 하는 모습을 보고 상대방이 먼저 다가오는 경우도 있을 거예요. 상대방은 이런 말을 하면서 다가올 거예요.

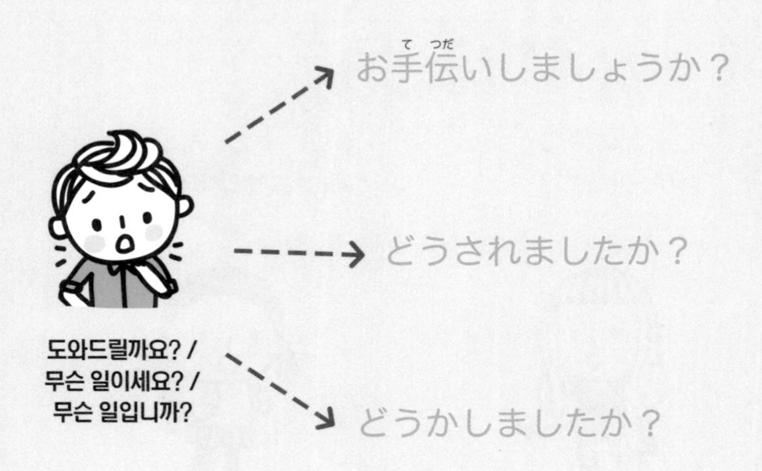

먼저 도움을 주겠다는 사람이 있다면 우리도 정중하게 받아들여야겠죠? 역시 모든 상황에서 사용할 수 있는 말이 있어요.

お願いします。

부탁합니다.

185 여기는 어디예요?

MP3 20-185

스스로 길을 찾아보고 싶다면 상대방에게 여기가 어딘지 물어 보세요. 혹은 가지고 있는 지도를 가리키는 방법도 있어요. 이렇게 말하면 됩니다.

ここはどこですか？
여기는 어디예요?

私(わたし)はどこにいますか？
저는 어디에 있나요?

186 ~에 가려면 어떻게 해야 하는지 알려 주세요

어디로 가려면 어떻게 해야 하는지 알려 달라고 직접적으로 말할 수도 있어요. 자신의 목적지를 바로 말해서 말이죠. MP3 20-186

~에 가는 방법을 알려 주세요

東京スカイツリーへ行く方法を教えてください。

도쿄 스카이트리에 가는 방법을 알려 주세요.

東京駅へ行く方法を教えてください。

도쿄역에 가는 방법을 알려 주세요.

일본어는 끝까지 말을 하지 않아도 듣는 사람이 무슨 말인지 알 수 있는 특징이 있어요. 상대방에게 길을 물어볼 때 '어디에 가고 싶습니다만'이라고 말끝을 흐려도 알 수 있는 것처럼 말이에요.

~에 가고 싶은데요…

病院(びょういん)に行(い)きたいのですが。

병원에 가고 싶은데요.

銀行(ぎんこう)に行(い)きたいのですが。

은행에 가고 싶은데요.

どう行(い)ったらいいですか？

어떻게 가면 되나요?

187 길 설명하기

MP3 20-187

길을 설명해 줄 때 사용하는 단어나 문장은 대개 아래 단어들도 이루어져 있습니다. 단어들을 잘 숙지한다면 목적지에 도착하는 데 아무런 어려움이 없을 거예요.

직진

まっすぐ行きます。
곧장 갑니다.

～に沿ってまっすぐ行きます。
～을 따라 곧장 갑니다.

道なりに行きます。
길이 뻗은 대로 갑니다.

Word
- 道なり 길이 뻗어 있는 방향
- 岸 해안, 물가

岸に沿ってまっすぐ行きます。
해안을 따라 곧장 가세요.

오른쪽 / 왼쪽

두 표현 모두 사용할 수 있습니다.

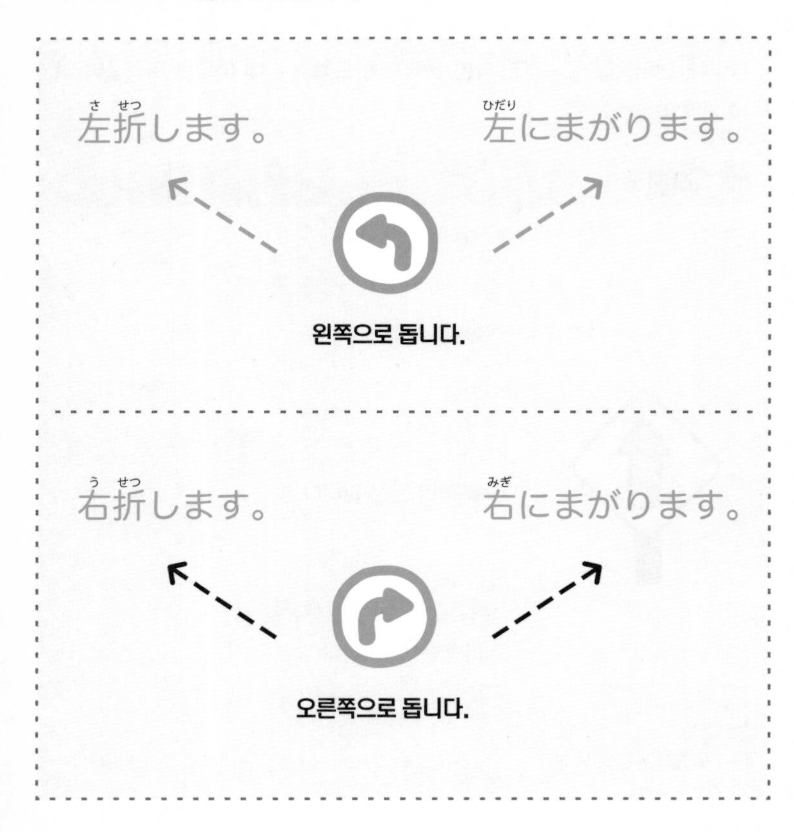

다시 오른쪽 / 다시 왼쪽

길이 조금 복잡하다면 「また」를 사용할 수 있어요. 이 단어는 '다시, 또'의 의미입니다.

また + 左(ひだり)にまがります。

다시, 또 왼쪽으로 돕니다.

また + 右(みぎ)にまがります。

다시, 또 오른쪽으로 돕니다.

▶ **Dialogue**

プールへ行く方法を
教えてください。

수영장에 가는 방법을 알려 주세요.

左にまがって、
また左にまがってください。

왼쪽으로 돌고, 다시 왼쪽으로 도세요.

오른편에 / 왼편에

ひだり がわ
左側に

왼편에

みぎ がわ
右側に

오른편에

▶ Dialogue

薬局(やっきょく)はどこですか？

약국은 어디에 있습니까?

まっすぐ行(い)くと、
左側(ひだりがわ)にありますよ。

곧장 가면 왼편에 있어요.

~반대편

찾는 지점이 무언가의 맞은편에 있다면 이렇게 말할 수 있어요.

～の反対側(はんたいがわ)に

～의 반대편에

警察署(けいさつしょ)はどこにありますか？

경찰서는 어디에 있어요?

はい。この通(とお)りの反対側(はんたいがわ)にあります。

네, 이 길의 반대편에 있어요.

유턴

Uターンをします。(ユー)

유턴합니다.

～でUターンをします。(ユー)

～에서 유턴합니다.

목적지에 도착해요

MP3 20-188

상대방에게 '그렇게 하면 도착할 거예요'라고 말하는 법에 대해 알아 볼게요.

~に出(で)ます。/~に当(あ)たります。

~로 나갑니다. / ~에 당도합니다(도착합니다).

~に着(つ)きます。

~에 도착합니다.

~はすぐそこにあります。

~는 바로 거기에 있어요.

~はそこです。

~는 거기예요.

길을 설명할 때 직진, 좌회전, 우회전, 유턴 등의 단어를 사용해서 말한 다음에 '~가 보일 거예요'의 방법으로 설명할 수 있겠죠? 이때는 일반적인 조건을 나타내는 조사「と」를 사용하면 됩니다.

~하면 ~가 보일 거예요

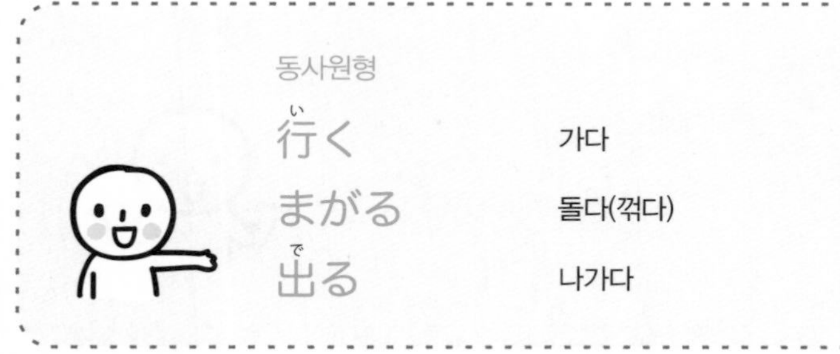

まっすぐ行(い)くと、交差点(こうさてん)に出(で)ます。

곧장 가면 사거리로 나갑니다.

まっすぐ行(い)くと、道(みち)に当(あ)たります。

곧장 가면 도로를 만납니다.

駅(えき)から出(で)ると、お寺(てら)に着(つ)きます。

역에서 나가면 절에 도착합니다.

駅(えき)から出(で)ると、バス停(てい)はすぐそこにあります。

역에서 나가면, 버스 정류장은 바로 거기에 있어요.

右(みぎ)にまがると、銀行(ぎんこう)はそこです。

오른쪽으로 돌면 은행은 거기 있어요.

189 주의해야 할 도로 표지판들

일본어로 길 안내하는 법을 배우는 것만큼 중요한 일이 있어요. 그건 바로 도로에 있는 표지판이에요. 표지판을 잘 알고 있으면 길 안내를 받았을 때 더 쉽게 이해할 수 있을 거예요.

MP3 20-189

일본어	읽기	뜻
信号	しんごう	신호등
横断歩道	おうだんほどう	횡단보도
立体交差	りったいこうさ	입체교차로
歩道橋	ほどうきょう	육교
角	かど	(길)모퉁이
交差点	こうさてん	사거리, 네거리
行き止まり	ゆきどまり	막다른 길
道路標識	どうろひょうしき	도로 표지판
郵便ポスト	ゆうびんポスト	우체통
街灯	がいとう	가로등
線路	せんろ	선로
交番	こうばん	파출소
小道の入り口	こみちのいりぐち	골목 입구

MP3 20-190

190 열차의 종류

우리나라에 기차, 전철, KTX 등이 있는 것처럼 일본에도 열차의 종류가 굉장히 많아요. 열차의 종류에 따라 공영, 민영으로 나뉘며, 열차의 외관과 탑승 방식 역시 모두 달라요. 주택가나 중요 상업지구에는 많은 노선이 지나가며, 일반열차와 급행열차로 나눠지기도 해요.

전철

ち か てつ
地下鉄

지하철

しん かん せん
新幹線

신칸센

191 ~을(를) 타세요

MP3 20-191

교통편을 타야 한다는 표현은 이렇게 설명할 수 있어요.

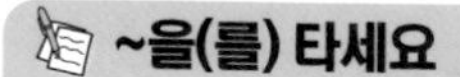

~을(를) 타세요

… ＋ に乗(の)ってください。

(열차 노선) 을(를) 타세요.

山手線(やまのてせん)に乗(の)ってください。

야마노테선을 타세요.

新幹線(しんかんせん)に乗(の)ってください。

신칸센을 타세요.

地下鉄(ちかてつ)に乗(の)ってください。

지하철을 타세요.

192 ~역에서 내리세요

MP3 20-192

어느 역에서 내려야 하는지 알고 있다면 역을 먼저 말한 후 '내리세요'라고 말하면 됩니다.

~역에서 내리세요

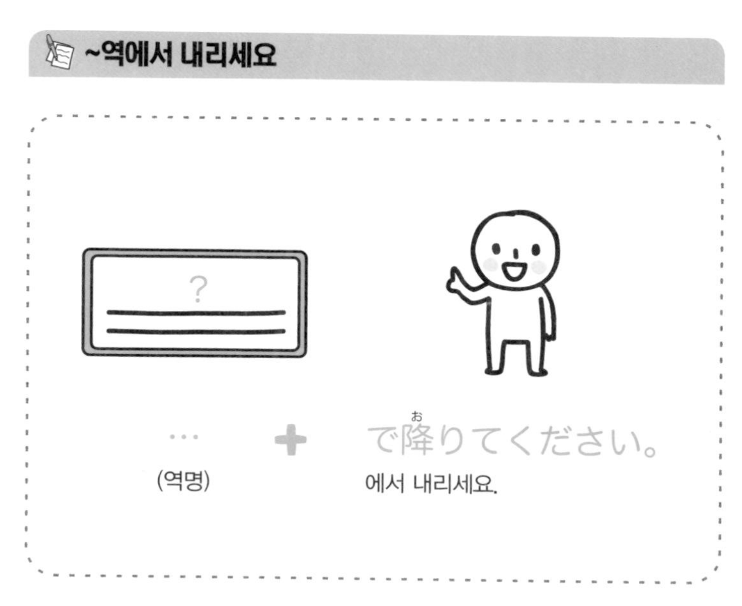

東京駅で降りてください。(とうきょうえき / お)

도쿄역에서 내리세요.

新宿駅で降りてください。(じんじゅくえき / お)

신주쿠역에서 내리세요.

渋谷駅で降りてください。(しぶやえき / お)

시부야역에서 내리세요.

193 ~번 출구

ⓘ MP3 20-193

출구의 번호로 길을 안내할 수도 있어요.

~번 출구로 나가세요

… + から出(で)てください。

(출구번호 / 출구 이름) 로 나가세요.

2番出口から出てください。

2번 출구로 나가세요.

南口から出てください。

남쪽 출구로 나가세요.

전철을 타는 방법을 설명할 때는 우선 전철을 타는 역과 내릴 역의 이름과 출구를 말합니다. 일본에서는 몇 번 출구로 나가야 하는지 기억하는 것이 매우 중요해요. 출구가 엄청나게 많은 역들도 있기 때문이에요. 만약 출구를 잘못 알아들었다면 매우 긴 거리를 돌아가야 하는 일이 생길 수도 있어요.

りんかい線に乗って、
東京テレポート駅で降りて、
出口Aから出ると、お台場に行けます。

린카이선을 타고 도쿄텔레포트역에서 내려서 A 출구로 나가면 오다이바에 갈 수 있어요.

病気(びょうき)と治療(ちりょう)

질병과 치료

MP3 21-194

194 어디 아파요?

일본어에는 '몸이 아프다'라는 의미를 가진 단어가 굉장히 많아요. 일반적으로는 「病気(병)」라는 단어를 써서 「病気になりました(아픕니다 / 병이 났습니다)」라고 말합니다. 단지 컨디션이 안 좋은 경우에는 다른 표현을 쓰기도 합니다.

어디 아파요?

함께 있는 사람이 아파 보인다면 여러 가지 표현으로 물어 볼 수 있을 거예요. 이때 '어디 아파요?'라고 직접적으로 물어 보는 것은 어떨까요?

具合(ぐあい)が悪(わる)いのですか？
어디 (몸이) 불편하세요?

아니면 '어디 아파 보여요'라고 물어볼 수도 있겠죠?

具合(ぐあい)が悪(わる)そうですよ。

(몸이) 불편해 보이네요.

顔色(かおいろ)が悪(わる)いですよ。

안색이 좋지 않아요.

너 왜 그래?라고 물어봐도 좋아요.

どうなさいましたか？

무슨 일 있으세요?

どうしたの？

무슨 일이야?

약 먹었어요? / 병원에 갔어요?

MP3 21-195

약을 먹는 표현은 주의해야 합니다. 일본어로 '약을 먹다'라고 말할 때 사용하는 동사는 「食(た)べる(먹다)」가 아닌 「飲(の)む(마시다)」입니다.

薬(くすり)は飲(の)みましたか？

약은 먹었어요?

薬(くすり)は持(も)っていますか？

약은 가지고 있어요?

병원에 갔어요?

病院(びょういん)には行(い)きましたか？

병원에 갔어요?

病院(びょういん)に行(い)った方(ほう)がいいですよ。

병원에 가는 게 좋겠어요.

196 의사와 이야기하기

MP3 21-196

몸이 아파서 병원을 가면 의사에게 몸 상태가 어떠한지 말하기 전에 선생님이 먼저 이렇게 물어볼 거예요.

 어디가 아프세요?

どうなさいましたか？

어디가 아프세요?

(예의 있는 표현)

どうしましたか？

어디가 아프세요?

(일반적인 표현)

진단을 받으려면 의사선생님에게 자신의 몸 상태를 매우 자세하게 말해 줘야 할 거예요. 그래야 정확한 진료를 할 수 있기 때문이에요. 일본어로 병의 상태를 말할 때는 아래의 표현을 사용해요.

~가 아파요

頭が痛いです。(あたま, いた)

머리가 아파요.

胃が痛いです。(い, いた)

위가 아파요.

歯が痛いです。(は, いた)

이가 아파요.

目が痛いです。(め, いた)

눈이 아파요.

背中が痛いです。(せなか, いた)

등이 아파요.

首が痛いです。(くび, いた)

목이 아파요.

喉が痛いです。(のど, いた)

목(구멍)이 아파요.

모든 병이 통증을 유발하는 건 아니에요. 그럼 특별한 증상에는 어떤 것들이 있는지 알아 볼게요.

目まいがします。
현기증이 나요.

耳鳴りがします。
귀가 울려요.

血が出ます。
피가 나요.

食欲がありません。
식욕이 없어요.

吐き気がします。
구역질이 나요.

鼻水が出ます。
콧물이 나와요.

痰が出ます。
가래가 나와요.

· **耳鳴り** 이명, 귀울음

이 외에도 다양한 증상들이 있어요.

じんましん 두드러기	インフル エンザ 인플루엔자, 유행성 감기	とう にょうびょう 糖尿病 당뇨병
ず つう 頭痛 두통	しん ぞう びょう 心臓病 심장병	がん 癌 암
い えん 胃炎 위염	しょくちゅう どく 食中毒 식중독	

197 푹 쉬세요

MP3 21-197

일본어로 쉬라고 할 때는 어떻게 표현할까요? 보통은 「休養(きゅうよう)(휴양)」나 「休息(きゅうそく)(휴식)」라는 단어를 많이 써요. 이 밖에도 다른 단어들이 있으니 알아 봅시다.

休養(きゅうよう)が必要(ひつよう)です。

휴식이 필요합니다.

もっと休息(きゅうそく)が必要(ひつよう)です。

좀 더 휴식이 필요합니다.

体(からだ)を休(やす)める必要(ひつよう)があります。

휴식을 취할 필요가 있습니다.

Word

- **休(やす)める** 쉬게 하다, 휴식시키다

十分(じゅうぶん)に睡眠(すいみん)を取(と)ってください。

충분한 수면을 취하세요.

Word

- **十分(じゅうぶん)に** 충분히
- **睡眠(すいみん)を取(と)る** 수면을 취하다

MP3 21-198

198 운동하세요

운동이 부족한 상태라면 건강도 좋지 않을 거예요.

運動(うんどう)をしてください。

운동하세요.

軽(かる)い運動(うんどう)をしてください。

가벼운 운동을 하세요.

毎日(まいにち)体(からだ)を動(うご)かしてください。

매일 몸을 움직이세요(운동하세요).

Word ・体(からだ)を動(うご)かす 몸을 움직이다, 몸을 쓰다

~을(를) 하지 마세요 / ~을(를) 끊으라 하셨어

또는 의사선생님께서 무언가를 하지 말라고 하실 때가 있어요. 건강을 유지하고 싶다면 반드시 금지해야 할 행동이 있습니다. 그럴 때는 아무래도 의사선생님의 말씀을 듣는 편이 좋겠죠?

MP3 21-199

~을(를) 끊으세요 / ~을(를) 먹지 마세요

… ➕ をやめてください。

(행동) 을(를) 그만하세요.

… ➕ を食(た)べないでください。

(음식) 을(를) 먹지 마세요.

喫煙をやめてください。

흡연을 그만하세요(금연하세요).

アルコール飲料をやめてください。

알코올 음료를 그만 드세요(금주하세요).

ジャンクフードを食べないでください。

정크푸드를 먹지 마세요.

Word

- **ジャンクフード** 정크푸드. 칼로리는 높지만 건강에는 좋지 않은 인스턴트 식품

~을(를) 삼가세요

'삼가다'와 '끊다'는 차이가 있어요. '삼가다'는 아마도 건강이 회복된 후에는 다시 할 수 있는 행동이에요. 몸이 아픈 동안에는 회복을 위해서 잠시 동안 금지하는 행동이죠.

肉を食べるのを控えてください。

육식을 삼가세요.

脂の多い食べ物を控えてください。

기름기가 많은 음식을 삼가세요.

Word

- 肉(にく) 고기(육류)
- 脂(あぶら) 기름

200 약

일본은 약국이 굉장히 많아요. 다양한 약들을 갖추고 있을 뿐만 아니라 약의 안정성도 굉장히 높습니다. 일본은 병원에 가서 의사를 만나기가 다소 복잡하기 때문에 약국에서 약을 구입하는 경우가 많아요. 그러나 다소 위험성이 있는 약품들은 반드시 의사의 처방전이 있어야 구입할 수 있어요.

알약 / 필

물약

대개는 「水薬(すいやく・みずぐすり)」로 액체 형태의 모든 약을 표현할 수 있어요. 복용량은 두 가지 표현으로 말할 수 있습니다.

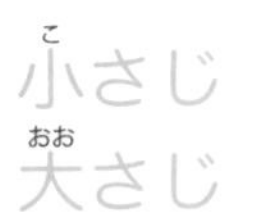

小(こ)さじ 작은 숟가락

大(おお)さじ 큰 숟가락

하루에 ~회 복용하세요

… …

(횟수) (복용기간)

一日(いちにち) + 回(かい) + に + 飲(の)んでください。

하루 회 로 복용하세요.

一日三回(いちにちさんかい)、食後(しょくご)に飲(の)んでください。

하루에 세 번 식후에 복용하세요.

一日二回(いちにちにかい)、朝(あさ)と夕(ゆう)に飲(の)んでください。

하루 두 번 아침과 저녁에 복용하세요.

一日三回(いちにちさんかい)、食後(しょくご)に2錠(にじょう)ずつ飲(の)んでください。

하루 세 번, 식후에 바로 두 알씩 드세요.

一日二回(いちにちにかい)、食後(しょくご)に大(おお)さじ1杯(いっぱい)飲(の)んでください。

하루 두 번, 식후에 큰 숟가락으로 한 번 드세요.

파본이나 내용상 오류 등 책에서 발견한 문제점을 알려주시면 독자 여러분을 위해 다음 재판 인쇄판에서 수정하겠습니다. 책에 관한 비평이나 칭찬의 말도 아래 연락처로 보내주시기 바랍니다.

홈페이지 www.hyejiwon.co.kr
블로그 blog.naver.com/hyejiwon9221
페이스북 www.facebook.com/hyejiwon9221